Dife Tou Limen

Liv Lekòl Dimanch ak Etid

Dife Dodomeya - Se Tòch Nimewo 12

Pastè Renaut Pierre-Louis

Peniel Southside Baptist Church
P.O. Box 100323
Fort Lauderdale, Fl 33310
Phone: 954-242-8271
954-525-2413
Fax: 888-972-1727
Website : www.penielbaptist.org
Website : www.theburningtorch.net
E-mail: renaut@theburningtorch.net
E-mail : renaut_cyrille@hotmail.com

Copyright © 2015 by Renaut Pierre-Louis Tout dwa sou liv sa rezève @ Rév. Renaut Pierre-Louis

Atansyon : Se yon bagay ki kont la lwa si yon moun ta kopye liv sa ou byen yon pati nan liv sa nan nenpòt kèk fason, ke se swa nan enprimri, ou fòto, ou CD san w pa gen otorizasyon ekri sou papye de lotè liv la.

Liv nou yo ekri nan twa lang toujou : Franse, Angle ak Kreyol. Nou kap achte yo nan adrès sa yo :

Michel Joseph:
192-21   118 Rd   St Albans, N.Y. 11412
Phone: 917-853-6481, 718-949-0015

Rév. Julio Brutus:
P.O. Box. 7612   Winter Haven, FL 33883
Phone: 863-299-3314, 863-401-8449

Rev. Edouard Georcinvil
725 NE 179th Terr, N. Miami Bch, FL 33162
Phone: 305-493-2125

Rév. Evans Jules:
Eglise Baptiste Bethel
5780 W. Atlantic Ave, Delray Beach Fl 33444
561-452-8273, 561-266-5957

Iliana Dieujuste
2432 Indian Bluff Dr   Dracula, GA 30019
Phone: 954-773-6572

Seri 1

Gerizon Divin

Avangou

Jodya mwen ap pale a tout moun ki kwè nan gerizon divin, nou vle di 'moun ki pa kwè yo dwe pran medikaman lè yo malad'. Mwen pa gen lide pou m ofanse yo paske mwen konprann se konsa fwa yo ye nan Jezikri. Mwen konnen tou ke la priyè pa gen limit. Sepandan, kòm yon moun pa konnen tout bagay, nou kwè li ta bon tou pou nou tande sa lòt moun panse.
Sonje byen sa pwovèb la di : Doktè trete, Bondye geri. Si ou dakò ak sa, fòk nou ta di : « Depi se pa nan fetich ak mazanza, tout gerizon se gerizon divin ».
Pou byen di w, Jewova Rafa sèvi tout mwayen pou fè gerizon. Li sèvi ak fèy bwa pou renmèd.
Ezékyèl. 47 :12.
Li mande pwofèt Ezayi pou l fè yon kataplas pou geri wa Ezékyas ki te manke mouri ak yon abse.
Ezayi 38 :21
Jezi fè yon la bou ak krache l pou l mete l sou zye yon nonm avèg. Pou yon lòt, li sèlman mete krache l sou zye l pou l fè l wè. Mak.8:23; Jan.9:6
Pa manke egzanp. Pito nou antre kounyeya nan sal operasyon Senyè a pou nou asiste ki jan lap fè gerizon divin yo.

Pastè Renaut Pierre-Louis

Leson 1 Kote gerizon divin nan soti

Vèsè pou prepare leson an : Jen.2 :20-25
Vèsè pou li nan klas la : Jen..2 :20-25
Vèsè pou resite: Avèk zo kòt li te wete nan nonm lan, li fè yon fanm, li mennen l' ba li. **Jen. 2 :22**
Fason pou fè leson an : Diskou, Kesyon
Bi leson an : Pale de lopital tankou premye kote Bondye te kreye pou okipe moun ki malad.

Pou komanse

Tout bagay lezòm fabrike, gen yon jou pou yo mande reparasyon. Se yon bagay tout moun dwe dakò avè l. Wout yo, kay yo, oto yo, tout gen pou bezwen repare. E nou menm lòm ke Bondye kreye ? Eske nou pa ladan tou ? An nou wè ki jan li repare kò nou.

I. **Tout dabò, li bati yon lopital nan Jaden Eden nan.**

   Kite nou eksplike sa byen. Men ki jan li fè lopital saa:
   Li entènen Adan pou li bay li yon anestezi. Pandan Adan ap dòmi, li fann li yon bò pou li pran yon zo kòt li. La menm, li kouri fèmen l. Jen.2 :21

II. **Li pran zokòt saa pou l fè yon lòt moun.**

   Sete Ev, premye fanm Bondye te kreye a.
   An nou antre nan sal matènite a pou nou wè ki jan sa te kap pase :
   1. Kòm doktè zo, Bondye fè eskelèt fanm nan.
   2. Kòm doktè pou nèf, li mete tout gwo venn ak tout ti venn yo.
   3. Kòm doktè pou andan frechi nou, li mete kè, pomon, fwa mou ak fwa di.

4. Kòm doktè zye, zorèy ak tou nen nou, li mete senk sans nou yo : zye, zorèy, lang, nen ak sansasyon. Men pou fanm nan, li mete yon bagay ki pi fò anpil pase nan gason an: Fanm nan gen nen fen.
5. Li fè fanm nan yon fason pou li mache bòzò, pou li pedan pou fè zizi gason yon bat fò. Men Senyè a dwe fè vit pou li gen tan prepare fiy la avan Adan leve nan dòmi an, pou li pa pèdi pasyans. Finalman Senyè a mete ti souf la nan fanm nan. Se apre sa li prezante l bay Adan.
6. Konsa, premye moun ki te nan salon vizitè a pou vin wè Adan, se te Ev, yon bèl fanm. Adan renmen l e depi menm moman saa, tout doulè operazyon an te pati. Jen.2 :23

Pou fini
Yon operasyon Bondye fè sou Adan pou li fabrike yon lòt moun, nou rele l yon operasyon divin. Menm si se yon espesyalis kap swanye w, nap toujou di : Doktè trete, Bondye geri. Zanmi m, Apresye konesans doktè yo; men respèkte Bondye nou an kòm premye espesyalis.

Kesyon

1. Ki sa nou dwe fè pou kenbe wout yo, kay yo ak oto an fòm? Nou dwe repare yo
2. Ki sa Bondye wè li dwe fè apre li te fin kreye Adan ? Li wè li bezwen bati yon lopital
3. Ki jan premye operasyon an te fèt? Bondye bay Adan yon anestezi pou l sa fann li, pou li te pran yon zokòt li.
5. Ki sa li te fè ak zokòt saa ? Li te fè Ev.
6. Ki premye moun ki te vin vizite Adan nan sal kote li pra l revni an? Ev.
7. Koman nou rele operasyon si la? Operasyon divin
8. Di si se vre ou si se manti
   a. Adan te pedi konesans nan operasyon saa :
   _ V _ F
   b. Bondye te bay Adan kenben fanm sa pou li eseye l avan li bay li yon lòt. _ V_ F
   c. Adan te renmen sa Bondye te bay li an _ V _F

Leson 2 Pwensip gerizon divin nan

Vèsè pou prepare leson an: Jen.1 :29 ; 3 : 9-19 ; 5 :20, 27; 6 :1-3 ; Eza.47 :12
Vèsè pou li nan klas la : Jen.3 :9-19
Vèsè pou resite : Pye bwa yo pral bay fwi pou moun manje. Fèy yo ap sèvi renmèd. **Ez.47 :12b**
Fason pou fè leson an : Diskou, Kesyon
Bi leson an : Pale de medsin tankou yon nesesite paske gen moun ki pou malad kap bezwen swaye.

Pou komanse
Nap pale de pwensip gerizon divin. Kote pwensip sa soti ? Eske Adan ak Ev te gen bezwen pou yo te wè doktè? An nou wè pito nan ki kondisyon lezòm tap viv sou tè a nan moman saa.

I. **Men kondisyon li avan li te dezobeyi Bondye.**
   1. Adan te gen bitasyon li nan twou wòch pou la pli pat mouye l. Li te manje tout fwi nan pye bwa. Li pat gen recho a gaz ni fou elèktrik. Jen.1 :29
   2. Li te viv lontan lontan. La Bib pale de yon nonm yo te rele Jerèd. Li te viv nefsan swasantdezan (962) Metouchela menm te viv nefsan swasantnevan (969) Yo te viv dekwa pou yo te kap peple tout yon gwo vil. Jen.5 :20, 27

II. **Ki kondisyon l apre li te peche**
   1. Bondye ratresi vi li. Jen.6 : 3
   2. Li te kondanen pou l soufri, pou l malad e pou l mouri. Jen.3 : 16,19
   3. An nou di tou ke lòm dwe soufri pou sa li renmen. Se konsa li te komanse soufri pou

madanm li depi nan Jaden Eden nan. Konsa tout, lezòm konn fè madanm yo soufri tou.
4. Se sa ki lakòz moun fè tansyon, yo fè sik ak tout lòt soufrans ki genyen.
5. Kounyeya lòm soufri tout kalite maladi. Li blije ale kay doktè pou jwen medikaman pou kalme doulè li e pou li pa mouri twò vit.
6. Gerizon divin nan li soti nan Bondye ki dispoze tout kalite fwi pou nouri lòm ak tout kalite fèy pou li fè renmèd. Ezekyèl. 47 : 12b
7. Men ki jan gerizon divin nan fè pati de pwogram Jezikri. Pa gen yon enfimite ni yon maladi ke l pa geri. Mat.8 : 16-17

Pou fini
Si nou vle ke fèy yo sèvi pou geri nou, nou dwe rekonèt ke vèti yo soti nan Bondye. Priyè nou fè ak lafwa nou, va pèmèt fèy sa yo geri nou ononde Jezi.

Kesyon

1. Avan lòm te peche, konbyen tan li te viv ?
   Anpil, anpil tan
2. Ki sa li te konn manje ? Fwi ak fèy bwa yo.
3. Kote li te konn viv nan tan saa? Nan two wòch
4. Ki sak te rive l apre li vin peche ?
   Bondye te kondanen l pou l soufri, pou l tante, pou l malad e pou l mouri.
5. Ki sa li te dwe fè pou lonje la vi l ?
   Li dwe wè doktè, al lopital epi pran renmèd yo.
6. Ki moun ki te premye doktè l ? Bondye limenm.
7. Koman nou rele gerizon sa yo? Gerizon divin.
8. Di si se vre, si se manti
   a. Jezi preskri pilil a moun ki malad yo _ V _ F
   b. Li te bay yo randevou pou tounen wè li. _ V _ F
   c. Li refize tout moun ki gen gwo maladi yo. _V_ F
   d. Li te geri tout kalite maladi. _ V _ F

Leson 3 Ki jan gerizon divin nan mache

Vèsè pou prepare leson an : Jòb.1 :11-19 ; 2 :7,9 ; 8 :2, 20 ; 15 :5-6 ; 19 : 17, 25 ; 42 :1-17 ; Es.58 :8

Vèsè pou li nan klas la : Jòb.42 :1-10

Vèsè pou resite : Sa m' te konn sou ou a, se sa lòt moun te di m'ase. Koulye a, mwen wè ou ak je mwen. Se konsa, mwen wete tou sa mwen te di. Mwen kouche sou sann ak nan pousyè, m'ap mande padon. **Jòb.42 :5-6**

Fason pou fè leson an : Diskou, konparezon, kesyon

Bi leson an : Pale de bagay ki boulvèse w, ki fè w malad e ki sa ou kap fè pou w sa geri.

Pou komanse

Tankou nou sòt di, gen bagay ki pou pase w nan vi w ki kap fè w malad. Nou pral pran egzanp sou Jòb. Se malad sa nou pral wè jodia nan lopital Senyè a. Li soti nan peyi It, nan Kalde. Jòb.1 :1

I. **Ki sa ki te pase l?**
   1. Malè frape l yonn apre lòt sanzatann: Li pèdi tout pitit li yo ak tout byen li yo. Jòb.1 : 11-19
   2. Gen kèk moun ki pran pòz zanmi l, yo vini pou bay li kouraj. An menm tan, yo pwofite di l se sa l fè lap peye jodia. Jòb.8 : 2, 20
   3. Lè sa Jòb soufri pi rèd. Li vin gen yon maladi ilsè ki pete nan tout kò l. Di m sa w vle, se sezisman yo ki travèse l. Job pa konn kote pou l mete kò l ak gratèl. Jòb.2 :7
   4. Pou madan Jòb menm, se ak lajan Jòb sèlman li te marye. Jòb soufri anpil avè l paske li pat gen okenn krent pou Bondye. Jòb.2:9 ; 19 :17

5. Kounyeya, zanmi ipokrit yo tonbe joure l. Jòb. 15 :5-6

II. **Dapre nou, konbyen tan sa pral dire** ?
 1. Toutotan Jòb ap chèche defann li. Jòb. 12 :3
 2. Toutotan **li pa bay Bondye glwa** pou bonte li ak mizerikòd li, se atò Jòb ap soufri. Jòb.19 :25

III. **Ki lè e ki jan Bondye restore l?**
 1. Kan li te dakò pou l tande sa Bondye te gen pou di l. Gade sa nan Jòb Chapit 38 a 41
 2. Kant li te rezinye l fè piti devan Bondye. Fòk nou di w ke Jòb te pran twòp tan pou l te konprann ke zanmi ipokrit sa yo, se Dyab la menm ki te voye yo. Bondye te pèmèt sa pou fòmen karaktè èspirityèl Jòb. Jòb.42 : 6
 3. Kant Jòb te vinn konvèti. Jòb. 42 :5-6
    a. Se lè sa Bondye blanmen fo zanmi yo. Jòb. 42 :7
    b. Li mande yo pou vin devan Jòb pou fè l eskiz. Jòb.42 : 7-9
    c. Kan Jòb te padonen yo, la menm, Bondye geri Jòb epi li fè l vin de fwa pi rich pase jan l te ye avan. Jòb. 42 : 10-12
    d. Li fè sèt gason ak twa fiy. Ti medam sa yo te loreya nan konkou bote nan peyi a. Gerizon divin sa te prepare Jòb pou lòt benediksyon. Bondye te aplike l sou li pandan li tap pale avè l. Gade ki jan Jòb viv sankarantan (140) ankò, pou l jwi tout byen li nan mitan fanmiy li jouk rive kat jenerasyon. Gade yon gras! Jòb.42 : 16-17

Pou fini

Si w ta vle viv lontan e pou maladi pa chita nan zo w, rete nan prezans Bondye. Pandan li ap pale avè w, gerizon divin nan déjà la. Eza. 58 : 8

Kesyon

1. Ki sa ki te kòz Jòb te gen tout maladi sa yo?
    a. Tout malè yo ki rive l yonn apre lòt.
    b. Gwo bouch zanmi ipokrit yo tap bay li.
    c. Move jès madanm li tap bay li nan kay la.
3. Konbyen tan move zafè sa rete sou Jòb?
    Tout tan li tap rete diskite ak zanmi ipokrit yo.
4. Ki lè li sispann soufri?
    a. Kant li te rive fè yon esperyans pèsonèl ak Bondye.
    b. Kant li te imilye l devan Bondye e ke li te padonen move zanmi sa yo.
5. Ki profi li tire nan soufrans li yo?
    a. Bondye remete l jan l te ye avan an.
    b. Li vin defwa pi rich.
    c. Bondye bay li yon vi long pou l jwi byen l
    d. Li wè pitit pitit li jouk nan kat jenerasyon.

Leson 4 Yon gerizon divin ki pwograme adistans

Vèsè pou prepare leson an : 2Wa.5 : 1-27
Vèsè pou li nan klas la : 2Wa.5 :8-14
Vèsè pou resite : Lè pwofèt Elize vin konnen jan wa a te nan tèt chaje pou lèt la, li voye di l': --Poukisa ou gen kè sere konsa? Voye moun lan ban mwen, m'a fè l' konnen gen yon pwofèt nan peyi Izrayèl la».
2Wa. 5 :8
Fason pou fè leson an : Diskou, konparezon, Kesyon
Bi leson an : Fè tout moun konnen otorite yon sèvitè Bondye genyen pou geri moun adistans.

Pou komanse

Tout biznis ki vann angwo, genyen toupatou anpil moun pou fè komès ak moun yo kap vann andetay. Yo mete moun tout toupatou pou fè pwopagann pou yo, pou enterese moun achte machandiz yo. Bondye gen moun pa l tou pou reprezante l nan biznis pa l sou tout latè. Nan ansyen Testaman yo rele yo pwofèt ou byen vwayan. Yo gen yon pouvwa san limit, menm pou geri maladi yon moun, san yo pa bezwen manyen moun nan. Jodia nap prezante ou yon lòt malad. Yo te rele l Naaman.

I. **Ki moun li te ye ?**
   1. Sete jeneral anchèf nan lame Siryen an. Misye te gen grad saa paske pa te gen moun tankou l pou fè bon plan batay. 2Wa. 5 :1
   2. Sèl pwoblèm li te genyen, sete maladi lèp. Sa te lakòz li pat kapab chèlbè jan li ta vle lè li nan la sosyete. 2Wa.5 :1

3. Zafè al kay bòkò pou chèche tretman, se bliye sa, paske maladi sa pat gen tretman.

II. **Ki jan misye te geri?**
1. Misye te gen yon ti restavèk jwif kay li. Se ti sèvant sa ki pale ak manzè Naaman ki fè l konnen ke gen yon pwofèt Letènèl nan peyi Izrayèl ki kap geri mèt la. 2Wa.5 :2-4
2. Lè wa Siri a konn koze saa, la menm li bay Naaman yon lèt rekomandasyon pou wa Izrayèl pou okipe chef lame saa. Wa Izrayèl la te fache anpil paske li konnen se pa li ki kapab geri Naaman. 2Wa.5 :6-7
3. Lòske pwofèt Elize tande nouvèl saa, li voye komisyon bay wa Izrayèl la. Li di l pou l voye Naaman kote l pito. Dapre sa li va fè pou malad la, tout moun va konnen ke genyen yon pwofèt Lètènèl nan peyi Izrayèl. 2Wa.5 :8
4. Pwofèt Elize pa menm soti pou l salye Naaman. Piske se Bondye ki bay li pouvwa, li gen dwa geri Naaman san l pa menm touche l ak men l. Li voye komisyon bay Naaman pou l al plonje sèt fwa nan dlo Jouden a, konsa maladi lèp la pral soti sou li. Men dlo Jouden an sal anpil, anpil, anpil! 2Wa.5 : 10
5. Naaman te fache tout bon paske li gen pi bèl dlo lakay li. Poutan, se nan dlo sal sa li te jwen gerizon. 2Wa.5 : 14

III. **Konbyen pwofèt la te touche pou sa?**
Naaman tap fòse pwofèt la pou l touche kòb pou gerizon l. Pwofèt la te refize. Li vle tout glwaa pou Bondye. 2Wa. 5 : 16

Pou fini
Gerizon Naaman te tout senpleman yon operasyon telegide. Apati de jodia, si ou pa kap ale kay yon moun malad pou w geri l, priye kote w ye a onon de pisans ki gen nan san Jezi. Se sèl mwayen Bondye bay nou pou w geri moun malad yo. Fè sa, epi wa bay mwen nouvèl.

Kesyon
1. Sa pwofèt yo te ye nan tan lontan?
   Reprezantan Bondye devan pèp la.
2. Ki sa nou konnen de Naaman?
   a. Li te pi gwo chèf nan lame Siryen an
   b. Wa Siri a te apresye l anpil.
   c. Men li te gen maladi lèp.
3. Ki jan li te vin geri de maladi saa?
   a. Yon ti restavèk jwif li gen lakay li te fè l konnen ke genyen yon pwofèt Letènèl nan peyi Izrayèl ki te kap geri l.
   b. Li te asepte plonje sèt fwa nan dlo sal Jouden an.
   c. La menm po l te souf tankou po tibebe.
4. Ki jan nou te kap rele gerizon saa?
   Yon operasyon telegide
5. Koman yo te rele pwofèt la? Elize.
6. Ki kote li te etidye Dèmatoloji?
   Se Bondye ki te bay li pouvwa pou l fè gerizon divin.
7. Konbyen li te touche pou sa ? Anyen

Leson 5 Gerizon divin sou nonm ki te fèt avèg la

Vèsè pou prepare leson an : Egz.20 : 5 ; Eza.58 : 7 ; Lik.4 : 19 ; Jan.8 : 9-12 ; 9 :1- 41

Vèsè pou li nan klas la : Jan.9 :1-7

Vèsè pou resite : Li di l' konsa: Al lave figi ou nan gwo basen Siloe a. (Mo Siloe sa a vle di: Moun yo te voye a.) Avèg la ale, li lave figi li. Lè l' tounen, li te ka wè nan tou de je l' yo. **Jan.9 : 7**

Fason pou fè leson an : Diskou, konparezon, Kesyon

Bi leson an : Prezante yon ka de gerizon divin kote Jezi te sèvi ak yon bagay pou l fè l.

Pou komanse

Kan Bondye vle montre nou mizerikod li, li aji pou kont li. Sèlman, kan li vle fè nou yon gras, li mande pou nou aji fwa nou. Men yon egzanp nan nonm nan ki te fèt avèg la.

I. **Nan ki eta misye te ye** ? Jan.9: 1, 8
   1. Li te fèt avèg pou l viv tankou mandyan.
   2. Pèson moun pat bay valè. Jan. 9:18-19

II. **Ki jan sityasyon l te vin chanje ?**
   1. Yon jou Jezi tap pase nan zòn nan. Sèlman li wè nonm sa, li chanje kondisyon l. Jan.9 : 1
      a. Pou kounyeya, an nou wè Jezi tankou yon doktè nan klinik mobil kap mache sove moun. Li mache ak yon son n ki detèkte tout maladi. Sonn sa rele LIMYE LE MOND. Jan.8 :12
      Se ak menm sonn sa, li te sonde kè farizyen ipokrit yo, Li te sonde tou kè fanm adiltè a. Jan.8 : 9-11

III. **Ki pwoblèm gerizon sa te bay** ?
   A) *Bò kote disip yo*
   1. Yo te kwè li tab sibi malediksyon paran l jiska twa ou kat jenerasyon. Egz. 20:5 Petèt nou te ka dakò ak sa. Men ki jan pou di se paske l peche ki kòz li fèt avèg? Sa enposib! Jan.9 :2
   2. Jezi reponn disip yo pou twa rezon.
      a. Dabò, ou pa gen dwa jije yon moun mal paske yon malè rive l. Eza.58 :7
      b. Answit, Jezi, antanke Bondye, te déjà mete ka sa sou pwogram li. Lik.4 :19
      c. Anfen, piske li di li menm se Limyè Le Monn, li dwe bay prèv la. Jan.8 :12
   B) *Bò kote nonm nan ki te fèt avèg la*
   1. Jezi fè yon gerizon divin pou li ak yon ti labou li te fè ak krache l. Jan.9 : 6
   2. Li fè espre, li pa fin geri l nèt. Li voye l lave zye l nan basen Siloye. Se te yon fason pou l te kontribye ak fwa l. Jan.9 :6-7
   3. Depi lè sa, li rele Jezi pwofèt. Jan.9 :17
   4. Tretman li te fèt an de pati. Se depi lè sa, nou wè doktè zye fè menm jan tou. Yo fè w egzamen, apre sa, yo preskri w linèt la.
   C) *Bò kote pèp la.*
      Gen moun ki pat dakò ak gerizon an.
   1. Premye moun ki pat dakò sete farizyen yo. Yo te pito nonm nan rete avèg tout rès vi l tan pou l te geri nan jou Saba. Jan.9 :16
   2. Yo pat konn ki moun Jezi te ye. Yo rele l "yon nonm, yon pechè. Jan.9 : 16, 24
   3. Yo te menm deside mete paran avèg la deyò legliz si yo te gen malè al konvèti. Jan.9 : 21-22

Pou fini

Piske se Jezi ki fè gerizon saa, nou rele li gerizon divin. Ou menm, bò kote pa w, aji la fwa w.

Kesyon

1. Ki jan Bondye montre nou mizerikòd li? Li fè l san nou pa bezwen kontribye pou sa.
2. Ki jan Bondye fè nou gras ? Li oblije nou aji fwa nou.
3. Ki te kondisyon la vi nonm nan ki te fèt avèg la? Li te la pou l mande charite tout vi l.
4. Koman disip yo te pran sa ? Yo di se sa paran l te fè lap peye.
5. Ki jan Jezi te reaji nan ka saa?
   a. Li pa vle nou pran moun mal kan malè rive yo.
   b. Li te gen ka sa sou pwogram li.
   c. Li te dwe bay prèv ke li se Limyè Le Monn.
6. Pouki sa Jezi pat geri nonm avèg la yon sèl kou ? Pou li te kap aji lafwa l, li voye l al lave zye l nan basen Siloye.
7. Ki sa ki te pi enpòtan pou farizyen yo ? Pito nonm nan te rete avèg tout vi l tna pou l te geri nan jou Sabaa.
8. Ki sa yo te deside akòz mirak saa? Pou yo te mete paran l deyò tanp si yo te dakò pou asèpte Kris pou sovè yo.

Leson 6 Yon gerizon divin pou rekonpanse lobeyisans yon lò avèg

Vèsè pou prepare leson an : Mak.8 :22-26 ; Jan.9 :1-7

Vèsè pou li nan klas la : Mak.8 :22-26

Vèsè pou resite : Jezi remete men l' ankò nan je l' yo. Lè sa a, avèg la wè klè nèt. Li te geri, li te wè tout bagay klè. **Mak. 8 :25**

Fason pou fè leson an : Diskou, konparezon, Kesyon

Bi leson an : Montre ke konfyans nan doktè nou kontribye anpil nan gerizon an.

Pou komanse

Gade ki jan de (2) moun ki gen menm maladi, Yo wè menm doktè, men li pa bay yo menm medikaman. Sete ka nonm ki fèt avèg nou sot wè a ak avèg nan bouk Betsayida.

I. **Men diferans la :**
    1. Pou nonm ki te fèt avèg la
        a. Li jwen gerizon an san li pat mande Jezi sèvis. Jan.9 :1
        b. Jezi fè yon **ti mòtye ak krache** ki soti nan bouch li, epi li mete l anwo zye nonm avèg la. Jan.9 :6
        c. Nou sonje apre sa, Li voye l al fini tretman li nan basen Siloye. Jan.9 :7
    2. Pou avèg nan bouk Betsayida, sa te fèt yon lot jan.
        a. Se moun ki te mennen l bay Jezi. Mak.8 :22
        b. Toudabò, Jezi kenbe men l, li ale aleka pou l fè l yon konsiltasyon anprive. Mak.8 :23

b. Fwa sa, li mete **sèlman ti krache l** sou zye avèg la e li mete men l sou tèt li. Mak.8 :23
c. Apre sa, li poze l kesyon. Mak.8 :23b
d. Se te domaj, avèg la pat reponn byen : Lè Jezi mande l sa l wè : Li di li wè moun yo gwosè pye bwa epi yap mache. Mak.8 :24
e. Li manyen l yon dezyèm fwa, e li mande l pou l gade dwat, san l pa voye zye l toupatou. Se lè sa li pran moun pou moun, li pran pye bwa pou pye bwa e li pran Jezi pou doktè l. Mak.8 :25
f. Avan Jezi egzeyate l, li bay li yon sèl preskripsyon : Li di l pou l pa retounen kote l te soti a ankò. Mak.8 :26 Pouki sa?
g. Zye se yon pati ki delika. Li pa tolere ni kè twò kontan, ni kè twò fache. Yo toulede kap kòz zye a gate pi mal.

Pou fini

Apre nou fin fè yon eksperyans pèsonèl ak Jezi, gen kèk zanmi, gen kèk milye pou n pa frekante ankò. San sa, yo kap aji sou nou, ki kap lakòz nou yon kretyen kap bwete e ki vin ti kata nan Levanjil.

Kesyon

1. Bay pwen pa pwen ki jan avèg Betsayidaa te geri.
   a. Jezi te kenbe men l.
   b. Li ale avè l nan yon kote aleka de foul moun yo. Li sèlman mete yon ti krache sou zye l
   d. Li poze l kesyon.
2. Ki te rezilta premye manyen an?
   a. Avèg la te wè moun yo tankou gwo pye bwa kap mache.
   b. Li pat wè Jezi ki te mennen l nan.
3. Ki sa Jezi te mande l pou l fè apre dezyèm manyen an?
   Li mande l pou l gade l san bat zye l.
4. Ki preskripsyon li te bay li avan li te egzeyate l?
   Li di l pou l pa tounen menm kote a ankò
5. Pouki sa?
   a. Paske zye twò delika. Li pa tolere ni kè twò kontan ni twò fache. Toulede ka fè zye yo vin pi mal.
   b. Move frekantasyon ka konpromèt la vi espirityèl nou.

Leson 7 Gerizon divin gras a gwo devouman

Vèsè pou prepare leson an : Lik.5 :17-26
Vèsè pou li nan klas la : Lik.5 :17-26
Vèsè pou resite : Men, akòz foul moun yo, yo pa t' jwenn plas pou fè l antre. Lè yo wè sa, yo moute sou do kay la, yo fè yon twou nan kouvèti kay la ki te fèt an brik, yo file malad la desann ak tout kabann li, nan mitan moun yo, dwat devan Jezi. **Lik.5 : 19**
Fason pou fè leson an : Diskou, konparezon, Kesyon
Bi leson an : Montre lè gen tèt ansanm, Bondye oblije deplase vin rezoud pwoblèm nou.

Pou komanse
Men yon nonm ki paralize de men, de pye ki anvi gerizon. Ki kote pou l ta jwen yon bon lopital nan tan saa? Sèlman kan la tè pa kapab, syèl la di : li kapab. Men misye ki jwen yon lopital? Ki bò?

I. **Yon lopital ki pa kanmarad lòt lopital yo**
   Jou sa, Jezi te louvre klinik la nan kay li. Sentespri a tap fè kantite operasyon. Li pat vini ak medikaman, men ak gerizon pou kelke swa maladi a. Se sa ki fè Jezi pat gen kote pou l mete moun. Lik.5 :17

II. **Ki jan li te enterne nonm paralyze a**
   1. Kò nonm sa te frajil tankou yon vè lanp. Te gen kat gason vanyan ki tap pote l sou branka ak anpil prekosyon pou li pa mouri nan men yo.
   2. Legetè yo te jennen pasay la pou anpeche nonm paralize a wè Jezi.
   3. Kat mesye yo deside pou yo pase pa eskalye pa deyò. Lè yo rive sou do kay la, yo defonse twati

a pou yo fè pasaj pou depoze nonm nan devan pye Jezi. Lik.5 :18-19

III. **Ki jan li te geri**
1. Toudabò, Jezi sove nanm li paske sa te pi ijan pou li ke kò malad la. Li di l : Fwa w sove w ! Lik. 5: 20
2. Apre sa, li geri l e li bay li egzeyat. Nonm nan mete branka a sou do l e li pase nan mitan foul la pou l ale kay li. Lik.5 : 24

IV. **Ki sa ki te pèmèt gerizon divin saa**.
1. Se te kouraj ekip la ki pat kraponen devan difikilte. Lik.5 :18-20
2. Se te fwa yo genyen pou wè Jezi koutkekout.
    a. Yo pat okipe moun kap moke yo, kap farouche yo, kap dekouraje yo
    b. Yo te rezinye yo pou polis te vin arete yo pou domaj yo te fè nan kay la gran lajounen.

Pou fini
Annou bat yon gwo bravo pou moun ki sipòte nou lè afè nou pa bon. Yo pat pran presyon de moun negatif ki sèlman la pou farouche nou.

Kesyon

1. Kote Jezi te monte klinik mobil li jou saa? Kay li
2. Ki sa mesye a te genyen ?
   Li te paralize de men, de pye.
3. Ki moun ki te pote l bay Jezi? Kat moun
4. Ki demach yo te fè pou wè Jezi?
   Yo te defonse twati kay la pou malad ka wè Jezi.
5. Trouve twa mo ki kap rezime demach yo a:
   Amou, fwa ak kouraj
6. Ki premye swen Jezi te bay malad la?
   Li di l : « Peche w padonen.»

Leson 8 Kèk lòt gerizon divin

Vèsè pou prepare leson an : Mak.5 :25-34 ; Lik.7 :1-10 ; Jan.4 :46-54

Vèsè pou li nan klas la : Lik.7 :1-10

Vèsè pou resite : Se poutèt sa mwen pa t' kwè m' ase bon pou m' te vin jwenn ou, mwen menm. Annik di yon mo, domestik mwen an va geri. **Lik.7 : 7**

Fason pou fè leson an : Diskou, konparezon, diskisyon, Kesyon

Bi leson an : Montre ke kant ou pa kapab wè malad la ak zye w, ou kap toujou plase komand gerizon an nan syèl la. Jezi ap fè livrezon an a domisil.

Pou komanse

Jodia lamedsin fè operasyon malad yo gras a entènèt. Sa se yon gwo bagay, nespa? Se pa de aparey yo mete an aksyon pou sa. Men Jezi te déjà reyalize sa depi plis ke de mil an (2000). An nou wè kèk nan malad li yo.

I. **Dabò, yon fanm ki tap fè pèdisyon.**
Li tap soufri plis ke douzan (12). Mak.5 :25-34
Dapre lwa jwif la, li pat la sosyete, li pat gen dwa pwoche yon gason. Yon Raben jwif menm se pa pale. Epoutan, li te geri kant li te touche Jezi ki te yon Raben. Jezi pa fè kalonnen li anba kout wòch, li sove nanm li e li bay gerizon divin. Mak.5 :27-33

II. **Answit gerizon pitit ofisye waa.**
  1. Gerizon sa te fèt Kapernaoum san Jezi pat touche pitit la ni bay li medikaman.
  Jan.4: 46-54
  Beni swa Letènèl pou gerizon divin sa!

III. **Gerizon sèvitè kapten nan.**
Kapten sa voye moun an ijans kote Jezi pou mande gerizon pou sèvitè l. Lè li wè Jezi ap vini, li di l : « Senyè ou pat bezwen deplase pou sa. Ou te sèlman bezwen di yon mo, epi sèvitè m nan tap geri. » Se tankou li ta di : Ou te mèt voye gerizon pou mwen pa entènèt ou byen pa yon fax. Jezi fè l konpliman pou fwa li. Lik.7 : 1-10

Pou fini
Si jodia nou wè lòm repare konpitè adistans, nou kap konprann ki jan Jezi bay nou pouvwa pou geri yon malad adistans. An avan mezanmi ! An ale retire malad yo nan kondisyon yap viv la. NOU ANRETA !

Kesyon
1. Ki syans ki alamòd pou komande bagay adistans? Zafè entènèt la.
2. ki moun nou konnen ki te premye jwen gerizon divin kant li touche Jezi? Fanm nan ki tap fè pèdisyon an
3. Ki sak ki te fè l jwen gerizon divin nan ? Fwa li
4. Bay nou yon ti eksplikasyon sou sa :
Yo te kap kalonnen l ak kout wòch paske li pat gen dwa la sosyete ak san sou li. Li pèmèt li menm al touche yon Raben jwif nan kondisyon l ye a.
5. Ki lès ki te benefisye gerizon à distans ? Pitit ofisye waa.
6. Ki sa lòm reyalize jodia nan lamedsin ? Yo trete moun gras a mwayen entènèt.
7. Ki moun nou konnen ki te benefisye yon gerizon a distans ankò? Sevitè kapten nan.
8. Ki sa Jezi aplodi kay nonm saa ? Fwa li

Leson 9 Gerizon yon nonm ki te gen zonbi bosal

Vèsè pou prepare leson an : Lev. 11 :7 ; Mak.5 : 1-15 ; Lik.10 :17-18
Vèsè pou li nan klas la : Mak.5 :1-13
Vèsè pou resite : Li di: Rete la! Sispann goumen! Konnen se mwen menm ki Bondye. Se mwen k'ap dominen sou tout nasyon yo. Se mwen k'ap dominen sou tout latè. **Sòm.46 :11**
Fason pou fè leson an : discours, discussions, Kesyon
Bi leson an : Demontre ke Jezi-Kri gen otorite sou tout moun ak sou tout bagay.

Pou komanse
Gen de maladi ki parèt natirèl, men pou jan yo vini, yo bezwen prezans Tou-Pisan an. An nou prezante lòt malad la. Jodia se yon nonm ki te mare anba zonbi bosal.

I. **Ki kote li tap viv?**
   Li te rete nan bouk Gadara. Se te yon koloni grèk ki tabli nan peyi Galile depi lane 331 avan Jezikri te vini. Se te nan moman Lanperè Aleksann Le Gran tap dominen. Moun la yo te si madre nan sipèstisyon ke yo fè peyi a tounen katye Jeneral demon yo. Nou fin konprann pouki sa moun ki pa konvèti yo te espoze anba pisans Dyab la.

II. **Nan ki kondisyon nonm sa tap viv?**
   1. Li te rete nan fòs yo, nan simetyè. Li pat la sosyete. Li te anjandre ak zonbi bosal ki tap toumante l. Li toujou pale dwòl pou di moun betiz. Li wè tout bagay antravè. Mak.5 : 9

2. Li vin ensipòtab.
      a. Pa gen kòd ki kap mare l. Mak.5 :3-4,9
      b. Si li pa nan fòs yo, li nan tèt mòn yo pou lap fè tenten. Li blese tout kò l ak sa l trouve. Mak.5 : 5

II. **Ki jan li te jwen gerizon divin nan?**
   1. Sete jou Jezi te nan misyon nan bouk Gadara. Nonm nan ki te gen zonbi bosal sou li a wè Jezi adistans ; li kouri vin mete ajenou devan l. Mak. 5: 6
   2. Jezi te byen konnen ke tout demon yo dwe fè piti devan l. Mak.5 : 6-7 ; Lik.10 : 17-18
   3. Li rele sou move zespri a e li chase l nan tèt mesye a. Nèg la te gen yon lame demon nan tèt li. Yo soupriye Jezi pou voye yo sou tèt kòchon ki te gen nan zonn nan. Jezi dakò fè sa.
   4. Sa tonbe byen : espri malpwòp sou tèt kòchon, yon bèt malpwòp! Lev.11 :7; Mak.5 : 13
   5. Tout moun kap wè nonm nan ki geri e li te pran san l kounyeya. Mak.5 : 15
   6. Depi lè saa, li fè l misyonè pou l al temwaye pou Jezi nan dis vil nan Dekapòl la.
      Mak. 5 : 19-20

Pou fini

E w menm zanmi, eske wap tann w soti nan simetyè dwòg, simetyè prizon ou toudisman lajenenès yo pou w vin kriye nan pye Senyè a ? Jezi ap tann ou jan ou ye a. Vini kounyeya.

Kesyon

1. Ki sa ou konnen de Gadara?
    a. Sete yon koloni grèk nan peyi Izrayèl ki te devlope sou ren y Lanperè Aleksann Le Gran nan lane 331 avan Jezikri.
    b. Moun ki pa konvèti yo te pran l pou kapital Satan le Dyab.
2. Nan ki kondisyon nonm nan ki gen zonbi bosal sou li a tap viv?
    a. Li tap viv nan simetyè ak sou tèt mò n yo.
    b. Li te gen zonbi bosal sou li
    c. Pa gen okenn chenn ki te kap mare l.
3. Ki jan li te fè jwenn gerizon divin ?
    Jezi rele sou tèt zonbi yo e yo te soti nan tèt mesye a.
4. Ki sa demon yo te mande Jezi ?
    Yo te mande l pèmisyon pou ale nan tèt kochon ki te nan zònn nan.
5. Ki jan nou gen prèv ke misye te geri?
    a. Li te resi chita ak rad pwòp e li te rezonen byen
    b. Li ale nan Dekapòl (sa vle dis 10 vil) pou l rann temwayaj de delivrans li jwen nan Jezi.

Leson 10 Gerizon divin nonm toklo a

Vèsè pou prepare leson an : Ac. 3 :1-26
Vèsè pou li nan klas la : Ac. 3 :1-9
Vèsè pou resite : Lè sa a, Pyè di li: Mwen pa gen ni lajan ni lò. Men, sa m' genyen an, m'ap ba ou li. Nan non Jezikri, moun Nazarèt la, leve ou mache.
Tra. 3 : 6
Fason pou fè leson an : Discours, discussions, Kesyon
Bi leson an : Bay prèv ke Jezi te bay pouvwa gerizon divin nan a apòt yo.

Pou komanse
Yon bagay pou nou remake : Pi fò moun yo ki resevwa gerison divin nan, vin tounen fanatik pou levanjil. Men yon lòt ankò. Se nonm toklo a ki te konn mande charite devan tanp Jerizalem nan.

I. **Ki sa nou ta di de li ?**
   1. Li viv chak jou de charit pòv.
   2. Li te konn fè pi bèl resèt ak moun legliz yo. Konsa, depi gran maten, gen moun ki vin depoze l devan pòt pwensipal tanp la.
   Tra.3 : 2

II. **Ki jan sityasyon l te vin chanje?**
   1. Sete yon jou, apòt Pyè ak Jan te monte al nan tanp la pou yo lapriyè. Apè n yap antre, nonm toklo a pran mande yo charite. Tra.3 : 3
   2. Men Pye te vle ofri l yon lòt bagay ki gen plis valè pase lajan. Tra.3 :6

III. **Koman eksplike gerizon divin nonm saa?**
   1. Ni Pyè, ni jan konnen byen ke Jezi te bay yo pouvwa pou fè mirak nan non l. Yo pral eseye l sou nonm toklo a.
   2. Pyè gade misye san bat zye epi li di l konsa : Gade nou san bat zye w. Se pou misye pat gade akote pou mande lòt moun charite. Li te vle tou kominike l la fwa pou l sa geri.Tra.3 : 4
      a. Pyè geri misye nan non Jezi. Tra.3 :6
      b. Li bay misye men pou fè l kanpe. La menm misye komanse mache. Tra. 3 :7
      c. La menm, pye yo komanse jwe e yo te vin solid. Tra .3 :7

IV. **Ki jan nou kap verifye gerizon divin saa?**
   1. Depi lè saa, misye pa chita a tè ankò pou mande moun charite devan tanp la. Li vire do bay mizè pou li pran labondans gras la andedan tanp Bondye a. Men misye ki komanse mache !
   2. Se pou la premyè fwa li pra l asiste yon reyinyon priyè nan tanp la. Li rantre nan tanp la, lap mache, voltije, bay Bondye lwanj. Tra.3 :8
   3. Tout moun kap wè sa. Tra.3 :10
   4. Li pa kite Pyè ak Jan yon pa. Tra.3 :11
   Gade ki jan Pyè ak Jan bay yon nonm roulib pou l soti nan mize jouk li rive nan pot gras la!

Pou fini
Kelke swa andikap ou gen nan kò w ou byen nan nanm ou, fiske rega w sou Jezi. Li toujou gen menm pisans la pou geri w. Sèlman, aji la fwa w.

Kesyon

1. Ki kote nonm toklo a te konn chita pou mande charite?
   Devan Bèl pòt tanp Jérisalem nan
2. Ki jan li te ye avan sa?
   a. Li te bay tanp la do.
   b. Li tap mande charite pou l viv.
3. Ki te pozisyon l apre gerizon l?
   Li antre nan tanp la, lap mache, ponpe e bay Bondye lwanj.
4. Bay nou istwa gerizon an.
   a. Pyè mande l pou l gade l fiks.
   b. Li geri l onon de Jezi.
   c. Li bay li men pou ede l kanpe.
5. Ki jan nou gen prèv ke li te geri tout bon?
   a. Li pa chita a tè ankò pou mande charite.
   b. Li antre nan tanp la pou bay Bondye lwanj.
   c. Li pa kite Pyè ak Jan yon pa.

Leson 11   Dimanch Ranmo

Vèsè pou prepare leson an : Mat.11 :4-5 ; Mak. 5 :25-34 ; 10 : 46-53 ; Lik. 4 :17-19 ; 8 :2 ; 18 :37 ; 19 :1-38 ; Jan.5 :5-9 ; 1Jan.3 :8
Vèsè pou li nan klas la : Lik.19 :28-40
Vèsè pou resite : Yo t'ap di: benediksyon pou Wa ki vini nan non Mèt la! Kè poze pou tout moun nan syèl la! Lwanj pou Bondye! **Lik.19 : 38**
Fason pou fè leson an : Diskou, Kesyon
Bi leson an : Pale de kontantman moun ki te benefisye de ministè Jezikri.

Pou komanse

Se pa pou gremesi nou wè kèk manifestasyon pèp la ap fè. Genyen se pou yo montre rekonesans yo a moun ki te fè yo dibyen. Sila nan Dimanch Ranmo a se te yonn konsa. Se pou nou di w tou ki moun ki fete fèt sa:

I. **Se fèt a moun ki gen imilite**
   1. Se yon fèt ki demare sanzatann. Lik. 19 :36-38
   2. Li ale pou kont li. Moun pa bezwen envite w ladan.
   3. Yo gen yon slogan yap repete de tanzantan: « Nou beni moun ke Bondye voye a. Nou swate la pè ak la glwa a Bondye ki piwo a ». Lik.19 :38
   4. Fèt sa komanse e jouk li fini, pa gen resepsyon ki te fèt. Tout moun dwe debouye yo pou yo chèche manje.

II. Se fèt a moun yo Jezi vin mete sou moun

1. Nou pa bezwen di w ke nonm paralize depi trant swit an an (38), ap ponpe sou de pye l. Jan.5 : 5-9
2. Nan foul saa kan menm fòk ou jwen Batime. Ayè li tap mande charite nan gwo vil Jerizalem. Mak.10 :46-53
3. Nou kap wè tou, fanm ki tap fè pèdisyon an. Nou ka jwen tou Mari de Magdala ke Jezi te delivre anba sèt zonbi mò. Mak.5 : 25-34 ; Lik .8 :2

III. Se fèt a moun ki ka montre jan yo rekonesan

Se moun ki konn apresye. Yap chire gòj yo pou bay Bondye glwa, pou mirak yo wè Jezi te fè. Lik.18 :37

IV. Se te akonplisman pwogram Senyè a.

1. Li te reyalize tout plan li. Lik.4 : 17-19
Avèg wè, moun toklo mache, moun ki te gen lèp geri, moun soud tande, mò resisite ak anpil moun ki tande levanjil pou bay yo lèspwa. Mat.11 :4-5
2. Satan le Dyab pèdi batay. 1Jan.3 :8

Pou fini

Si Jezi redrese la vi w, ki sa ki anpeche w patisipe nan fèt saa?

Kesyon

1. Pou ki rezon manifestasyon sa te fèt?
   Se moun ki enb, moun Jezi mete sou moun, moun ki gen rekonesans ki tap fete Jezi.
2. Ki moun nou ta sipoze wè nan foul saa?
   Batime, nonm ki te malad depi trant swit an, fanm ki tap fè pèdisyon an ak Mari de Magdala
3. Sa Dimanch Ranmo sa te vle di pou Jezi?
   Jijman Satan le Dyab te déjà chita la ap tann li
4. Ki sa Jezi te genyen nan pwogram li?
   a. Mete moun ki pat moun sou moun
   b. Anonse Mesaj delivrans la a malere yo
5. Di si se vre ou si se manti
   a. Jezi te renmen kanaval _ V _ F
   b. Branch Ranmo bon pou chase move zè. _ V _F
   c. Rekonesans a Bondye se yon lachte. _ V_ F
   d. Tout moun dwe bay Bondye lwanj _V _F

Leson 12   Dimanch Pak la

Vèsè pou prepare leson an : Egz.12 :6 ; No.28 :4-5 ; Mat. 27 :45-50 ; 28 :18-20 ; Lik.19 :10 ; Ph.2 :9 ; Jan. 1 :12 ; 16 :11 ; 19 :30 ; Ro.6 :23 ; Ac.2 :17-18, 38 ; Ap.19 :10
Vèsè pou li nan klas la : Mat.27 :45-55
Vèsè pou resite : Vè twazè, Jezi rele byen fò, li di: Eli, Eli lema sabaktani? ki vle di: Bondye, Bondye, poukisa ou lage m' konsa? **Mat.27 : 46**
Fason pou fè leson an : Diskou, konparezon, Kesyon
Bi leson an : Pale de sakrifis ti mouton an, lè pou l mouri e ki sa li fè nan la vi moun ki konvèti yo.

Pou komanse
Apeprè 1400 lane avan Jezi te mouri sou kwaa, Bondye te déjà kominike Moyiz ki lè sakrifis li sou la kwa te gen pou l fèt. Li di l sa ap fèt ant **Apremidi ak solèy kouche.** An nou al verifye sa nan leson nou an jodia.

I. **Sakrifis sa se te prèv de viktwa Jezi nèt ale.**
   1. Chak ane sakrifis ti mouton an te toujou fèt ant apremidi ak solèy kouche ; sa vle di ant twazè apremidi e senkè apremidi, avan solèy al kouche nèt. (Nou jwen sa tou nan rapò Istoryen yo te rele Jozèf la, ak Ansiklopedi jwif la). Egz.12 :6 ; No.28 : 4-5
   2. Konsa kan Bib la rapòte ke Senyè a mouri nan nevyèm è, ki twazè apremidi nan lè pa nou, li tonbe egzakteman nan lè ke jwif yo te abitye fè sakrifis ti mouton an chak ane. Mat.27 :45-50

3. Lè Jezi fin vèse tout san l, li kriye konsa : « Sa resi fini atò.» Sa vle di ke sakrifis la te total. Jan.19 :30

II. Se te reparasyon pou tout pitit Adan yo
1. Pri pou dèt peche nou yo te peye. Don Bondye fè nou san nou pa peye a te akonpli. Wo.6 :23
2. Jezi leve kondansyon nou te gen ak Adan. Wo.8 :1
3. Nou retounen jwen privilèj nou tankou pitit lejitim Bondye. Jan.1 :12
4. Sentespri a kouvri nou latèt opye, andedan tankou deyò. Tra.2 :17-18, 38
5. Mesaj gras la sove nou kan nou pran levanjil la. Mak.16 :15
6. Moun sove yo dwe anonse mesaj delivrans la. Mat. 28 : 18-20

IV. Se glwa Kris gras a viktwa l sou Satan le Dyab
1. Li vin pwouve obeyisans li a Papa l paske li te asepte mouri nan plas nou pou peye dèt peche nou. Fil. 2 :9
2. Jezi te vin repare dega ke Satan le Dyab te fè nan la vi nou. Lik.19 :10
3. Satan pral jije. Jan.16 :11
4. Talè konsa, Jezi ki avoka nou, pral chita nan tribinal la pou jije l, li menm ki toujou la pou akize frè nou yo. Jezi pral jete l nan lanfè ak tout rebèl yo ki te refize pran levanjil la. Rev.19:10

Men sa nap di : Si ou ta trouve w ant solèy kap kouche ak lan nwit kap parèt, sa vle di ou trouve nan de (2) sityasyon difisil, malgre tou Bondye pa bay w okenn repons ditou, pa enkyete w pou sa. Li ap pare wout pou w soti nan moman saa. Sonje pwovèb la ki di : Pa gen Dimanh Pak san Vandredi Sen.

Pou fini

Ebyen frè m ak sè m yo, an nou ale anonse a tout moun viktwa nou nan Kris. An nou ale fè kanpay, mennen moun pou li. Mat. 28 :19-20 ; 1Ko.15 :57

Kesyon

1. A ki lè sakrifis ti mouton pou Pak la te konn fèt ?
   Ant twazè apremidi ak senkè lè solèy pral kouche.
2. Pouki sa Bondye pat reponn Jezikri lè li tap rele sou kwa a?
   a. Jezi te vini espre pou l mouri nan plas nou.
   b. Li te bay tèt li san moun pat fòse l pou li fè sakrifis saa.
   c. Bondye pat kapab ranvwaye sèvis saa.
4. Ki jan sityasyon nou devni gras a sakrifis saa ?
   a. Nou retounen jwen privilèj nou tankou pitit Bondye.
   b. Nou gen viktwa sou Satan le Dyab
   c. Nou gen la vi pou tou tan gen tan nan Jezikri.
5. Ki sa ki pral pase ak Satan le Dyab ak moun ki gen tèt di yo ? Jezi pral jete yo nan dife lanfè.
6. Poukisa kan nou nan kèk sityasyon difisil Bondye fè tankou l pa tande ?
   Li okipe ap pare wout delivrans la pou nou.
7. Ki sa pwovèb l di lè konsa ?
   Pa gen Dimanch Pak san vandredi sen.

Lis vèsè yo

1. Avèk zo kòt li te wete nan nonm lan, li fè yon fanm, li mennen l' ba li. Jen. 2 :22

2. Pye bwa yo pral bay fwi pou moun manje. Fèy yo ap sèvi renmèd. Ez. 47:12b

3. Sa m' te konn sou ou a, se sa lòt moun te di m'ase. Koulye a, mwen wè ou ak je mwen. Se konsa, mwen wete tou sa mwen te di. Mwen kouche sou sann ak nan pousyè, m'ap mande padon. Jòb.42 :5-6

4. Lè pwofèt Elize vin konnen jan wa a te nan tèt chaje pou lèt la, li voye di l': --Poukisa ou gen kè sere konsa? Voye moun lan ban mwen, m'a fè l' konnen gen yon pwofèt nan peyi Izrayèl la». 2Wa. 5 :8

5. Apre li fin di pawòl sa yo, Jezi krache atè, li fè yon ti labou ak krache a, li fwote je nonm lan avèk labou a. Li di l' konsa: Al lave figi ou nan gwo basen Siloe a. (Mo Siloe sa a vle di: Moun yo te voye a.) Avèg la ale, li lave figi li. Lè l' tounen, li te ka wè nan tou de je l' yo. Jan.9: 6-7a

6. Jezi remete men l' ankò nan je l' yo. Lè sa a, avèg la wè klè nèt. Li te geri, li te wè tout bagay klè. Mak. 8 :25

7. Men, akòz foul moun yo, yo pa t' jwenn plas pou fè l' antre. Lè yo wè sa, yo moute sou do kay la, yo fè yon twou nan kouvèti kay la ki te fèt an brik, yo file malad la desann ak tout kabann li, nan mitan moun yo, dwat devan Jezi. Lik.5 : 19

8. Se poutèt sa mwen pa t' kwè m' ase bon pou m' te vin jwenn ou, mwen menm. Annik di yon mo, domestik mwen an va geri. Lik.7 : 7

9. Li di: -Rete la! Sispann goumen! Konnen se mwen menm ki Bondye. Se mwen k'ap dominen sou tout nasyon yo. Se mwen k'ap dominen sou tout latè. Sòm.46 :11

10. Lè sa a, Pyè di li: Mwen pa gen ni lajan ni lò. Men, sa m' genyen an, m'ap ba ou li. Nan non Jezikri, moun Nazarèt la, leve ou mache. Tra. 3 : 6

11. Yo t'ap di: benediksyon pou Wa ki vini nan non Mèt la! Kè poze pou tout moun nan syèl la! Lwanj pou Bondye! Lik.19 : 38

12. Vè twazè, Jezi rele byen fò, li di: Eli, Eli lema sabaktani? ki vle di: Bondye, Bondye, poukisa ou lage m' konsa? Mat.27 : 46

Seri 2

Sak vwayaj yon kretyen

Avangou

Si nou ta vle byen konsidere lòd Jezi-kri bay nou, pou preche levanjil nan lemonn antye, nou ta dwe pran yon kretyen tankou yon moun ki ap vwayaje nan avyion, li prale yon kote li poko konnen, men ki pa pre ditou. Konsa, li dwe pran tout prekosyon pou li chwazi sa pou l mete nan sak vwayaj li pou l pa barase l nan wout li. Se pou rezon sa apòt Pyè te rekomande l ki jan de bagay li ta dwe gen nan sak vwayaj li si se tout bon li vle vwayaje pou l ale nan syèl.

Pastè Renaut Pierre-Louis

Leson 1 Nesesite pou w gen yon sak vwayaj

Vèsè pou prepare leson an : Lik. 10 : 38-42 ; Wo.13 :12-13 ; Fil. 3 :20 ; Kol.3 :1-3 ; 1Pyè.5 : 7-8 ; 2Pyè.1 : 1-14 ; Rev.2 :11

Vèsè pou li nan klas la : 2Pyè.1 :3-7

Vèsè pou resite : Kenbe tèt nou anplas, rete sou prigad nou. Paske dyab la, lènmi nou an, ap veye nou tankou yon lyon ki move, k'ap chache moun pou l' devore. **1Pyè.5 :8**

Fason pou fè leson an : Diskou, konparezon, Kesyon

Bi leson an : Egzote kretyen yo pou yo toujou dispoze fè sa ki byen.

Pou komanse

Avyon pasaje yo toujou bay anons sou bagay moun gen dwa pote nan sak vwayaj yo. Pou nou ale nan syèl, Bondye gen anons pa l tou. Men pou ki rezon :

I. **Premye rezon**
   Se pou nou vwayaje alèz ansanm ak Kris.
   1. Nan avyon yo, gen bagay ki kap barase ni nou ni lòt pasaje yo. Yo pa asepte ni gaz, ni revòlvè, ni okenn boutèy dlo a bò avyon an. Si gen ka ijan, yo kap yon danje pou tout moun.
   2. Tout kretyen se pasaje yo ye ansanm ak Jezikri. Pyè di se pou nou veye nou e kontwole nou. Konsa, se pou nou evite tout sa ki kap barase nou : Lògèy, jalouzi, rankin, sousi, pale moun mal. Yo pran twòp plas nan la vi nou e yo kap mete dife sou nou ak tout legliz nou. 1Pyè.5 :8

II. **Dezyèm rezon**
1. Se pou nou debarase nou de tout sa ki kap bay nou tèt chaje.1Pyè.5 :7
2. Kan lè a rive pou verifye dokiman imigrasyon yo, nou ka prezante yo san pèdi tan. Sa ede ofisye imigrasyon yo e evite fè lòt moun rete tann twòp nan lin nan. Se menm bagay nan lavi èspirityèl nou.
   a. Jezi te di Mat konsa : « Se yon sèl bagay ki nesesè » Mari gen chans se li li te chwazi. E moun pa gen dwa pran l nan men l.» Lik.10:42
   b. Pou evite tout traka, apòt Pòl egzote nou pou nou depouye nou de tout bagay moun fè nan fè nwa: Li vle pale de moun kap jalou sò moun, moun kap bwè pou yo sou, moun ki nan jwe daza, nan gwo depans pou gremesi, nan vi vakabon gason ak fiy. Wo.13 : 12-13

III. **Twazyèm rezon**
Pou evite tout distraksyon ki kap mete nanm nou andaje.
1. Tout pasaje yo ap tann konsa lè pou yo ateri. Se pou rezon sa, lè yo konnen yo prèt pou rive, yo louvri zorèy yo pou tande anons segretè a.
2. Se Pòl ankò ki egzote nou pou nou mete tout afeksyon nou sou bagay ki anwo nan syèl la, pou nou pa fè sousi pou bagay ki gen sou la tè a. Kol.3 :1-2 Moun ki gen zorèy pou tande, tande. Rev.2 :11
3. Paske bitasyon nou an, se anwo nan syèl la li ye, lakay Sovè nou Jezikri. Fil.3 :20. Konsa, si avyon se ateri yo ateri, nan avyon Jezikri a se monte nap monte.

Pou fini
Pa tann se lè afè nou vin pa bon pou nou pran vwayaj nan syèl oserye. Syèl la se pye verite a. Ranje sak vwayaj nou byen, tanpri.

Kesyon

1. Ki bi leson an ?
   Egzote kretyen yo pou yo fè tout sa ki byen.
2. Ki sa avyon pasaje yo toujou reklamen
   Pou nou chwazi ki jan de bagay avyon an pèmèt nou vwayaje ak li.
3. Pouki sa ?
   a. Pou nou vwayaje alèz
   b. Pou nou debarase nou ak tèt cho.
   c. Pour évite distraksyon ki kap mete vi moun andanje
4. Ki bagay yo defann nou mete nan sak de vwayaj nou? Revòlvè, gaz ak likid
5. Pouki sa?
   Pou nou pa espoze vi pasaje yo ak vi pa nou tou.
6. Ki sa Jezi rekomande nou ?
   a. Pou nou mete tèt nou anplas
   b. Pou nou rejte lògèy, sousi, rankin, vyolans, pale moun mal.
7. Pouki sa? Pou nou pa detwi ni tèt nou ni legliz Bondye.
8. Ki sa Jezi te di Mat? Mari chwazi sa ki pi bon an
9. Ki kote nou pral rete ? Nan syèl la?

Leson 2 Lafwa

Vèsè pou prepare leson an : Egz.14 : 1-14 ; Ps.23 :4 ; 46 : 2 ; 121 : 1 ; Lam.3 :26 ; Da. 3 :24-25 ; 6 : 20-24 ; Mat.7 : 13-14 ; Mak.5 : 19-34 ; 10 :21-22 ; Lik.18 :4-8 ; Jan.9 : 25-27 ; 1Co.2 :5 ; 2Co.5 :1-7 ; Ga. 2 :20 ; Ef.2 : 8-10 ; Fil.3 : 4-7 ; Ebré. 10 :34 ; 11 :1-40 ; 12 :1-2 ; 13 :8 ; Ja.1 :12

Vèsè pou li nan klas la : Ebré.11 : 1-6

Vèsè pou resite : Nou konnen pesonn pa ka fè Bondye plezi si li pa gen konfyans nan Bondye. Moun ki vle pwoche bò kot Bondye, se pou yo kwè gen yon Bondye, yon Bondye k'ap rekonpanse tout moun k'ap chache li. **Ebré. 11 :6**

Fason pou fè leson an : Diskou, konparezon, Kesyon

Bi leson an : Pale de lafwa tankou yon zouti nou oblije mete nan sak vwayaj nou.

Pou komanse

Li enposib pou yon moun viv la vi kretyen si l pa gen lafwa. Se li Bondye bay nou pou nou fè zanmitay ak li. An nou poze kesyon an byen:

I. **Ki sa lafwa tout bon an ye ?**
   1. Se nan Bondye pou l soti. Ou kwè san w pa wè, san menm ou gen yon apèsi. 2Ko.5 :7
   2. Se fwa sa ki sove w. Li komanse depi nan pye kalvè jouk li rive nan pòt syèl la. Mak.5 :34 ; 1Ko.2 :5
   3. Se li ki mete nou pi pre Bondye. Ebr.11 : 6
   4. Fwa sa depase rezonman nou. Li menm kwè nan sa ki enposib. Mat.17 :20

II. **Ki jan pou w mentni fwa saa ?**
   1. Ou dwe ap priye tout tan. Lik.18 :4-8
   2. Ou dwe pa pè deklare devan tout moun sa Bondye fè pou w. Jan.9 :25-27 ; Mak.5 :19-20
   3. Ou dwe lage vi w nèt ale nan men Bondye:
      a. Depi lè sa, pwogram ou pa konte. Ga.2 :20
      b. Ran sosyal ou pa konte. Ph.3 :4-7
      c. Richès ou pa konte. Mak.10 :21-22
      d. Ou blije gade sou Kris san bat zye paske chemen an jennen, li difisil epi li fè nwa. Mat.7 :13; Ebre.12: 1-2

III. **Ki jan Bondye nouri fwa nou ?**
Li gen dwa wete nan men nou byen nou te posede ; pa egzanp sante nou, lajan nou, zanmi nou, bote nou, popilarite nou. Li fè sa espre pou nou aprann konte sou li menm sèl. Ebre.10 :34
Si Bondye chanje fason yo, li pa janm chanje plan yo li gen pou nou . Ebré.13 :8
   1. Jodia, li ak nou sou tèt mòn nan ; demen nan dezè a, apre demen nan dife a, e pita li ak nou nan fon soufrans ak lanmò. Sòm.23 : 4 ; 121 : 1; Da.3 :25 ; 6 :23
   2. Pafwa li fè tankou l pa tande. Poutan, li la byen pwòp. Lam.3 :26
   3. Si detrès pa touye nou, se paske Bondye egziste. E si malgre tou nou fidèl, li va beni nou pou pèseverans nou. Sòm.46 :2 ; Ja.1 :12

Pou fini
Bat pou nou kenbe lafwa nou. Nap blije kenbe l jouk nou rive anwo nan syèl. Nou va renmèt Jezi l tankou yon resi kòm prèv ke nou te pèsevere jouk la fen. Lè sa nou pap bezwen la fwa ankò paske nap wè Jezi

fasafas. Lafwa se premye bagay pou nou mete nan sak vwayaj nou.

Kesyon

1. Ki bi leson an ?
   Pale de la fwa tankou se te yon vèti nou blije genyen nan vi kretyen nou.
2. Ki jan nou kap rekonèt lafwa tout bon an ?
   a. Li soti nan Bondye.
   b. Kretyen an kwè san l pa bezwen wè
   c. Fwa saa soti depi nan pye mòn kalvè jouk li rive nan syèl la
   d. Li mete nou pi pre Bondye chak you
   e. Gen anpil bagay nou pap konprann ak rezon nan tèt nou.
3. Ki jan pou nou mentni fwa saa.
   a. Gras a la priyè de tanzantan
   b. Gras a temwayaj nou bay sou sa Jezi fè pou nou
   c. Lage kò nan men 'Bondye
4. Ki sa Bondye mete pou nouri fwa nou ?
   a. Li wete nan men nou tout byen ki kap barase nou.
   b. Li chanje plan nou : li fè plan pal pou nou
   c. Pafwa li fè tankou li pa tande nou
   d. A la fen li beni nou pou rekonpanse fwa nou.

Leson 3 Bonte

Vèsè pou prepare leson an : Pwo.28 :1 ; 17 :22 ; Mat.25 : 35-40 ; 27 :54 ; Wo.12 :21 ; Ga.6 :6-9 ; Ef.4 : 32 ; Ebré.11 :1-40 ; 1Pyè.4 : 15-16 ; 1Jan.3 : 18
Vèsè pou li nan klas la :   Ef.4 :30-32
Vèsè pou resite : Okontrè, se pou nou aji byen yonn ak lòt, se pou nou gen bon kè yonn pou lòt, pou nou yonn padonnen lòt, menm jan Bondye te padonnen nou nan Kris la. **Ef.4 :32**
Fason pou fè leson an : Diskou, konparezon, Kesyon
Bi leson an : Pale de bonte tankou yon zouti trèz enpòtan nan vi nou ki montre ke nou kretyen.

Pou komanse
Si nou kapab di « Viv bonte », nou kap di tou « Viv paradi! » Ou kap di ou nan paradi lòske wap viv ansanm ak yon moun ki emab. Si ou gen bonte nan la vi w, wap fè moun viv byen. Ki sa bonté a ye ?

I. **Se yon dispozisyon ou gen nan la vi w pou fè moun dibyen.**
   1. Fè dibyen vini kay ou tankou yon mani.
   2. Ou fè dibyen a kretyen tankou a moun ki pa kretyen. Ga. 6 :10
   3. Ou pa fè l pa kalkil men pa amou. 1Jan.3 :18

II. **Se yon desizyon ou pran pou sèvi etranje akòz Jezikri.**
   Ou fè zèv a Bon Samariten an. Lik. 10 : 30-37
   1. Ou akeyi etranj e ou fè l dibyen.
      Mat.25 : 38-40

2. Ou pataje sa ou genyen ak moun ki nan bezwen. Mat.25 : 35
3. Ou abiye moun ki toutouni. Mat.25 :36
   Moun ki toutouni, vle di moun yo avili. A pati di moman ou fèmen bouch ou pou w pa pale mal de moun kap pale w mal, menm lèdmi w gen pou di : bieneme sa konvèti tout bon vre. Mat.27 :54

III. **Se desizyon w pran pou w soufri sa moun fè w akòz Jezikri.**
   1. Gen moun ki fè w abi paske yo konnen ke se kretyen w ye. Yo konnen ou pap tire revanj. 1Pyè.4 :15-16
   2. Gen moun ki fè komsi yo pa konnen w paske yo fin pran nan men w sa yo te bezwen. Ou renmen yo malgre tou e ou pa bouke fè yo dibyen. Ga.6 :9

IV. **Ki rezilta bonte sa pote**
   1. Li fèmen bouch mechan yo. Wo.12 :21
   2. Li pèmèt ou gen sanfwa tankou yon ti lyon. Pwo.28 :1
   3. Li menm anpeche w gen kèk jan de maladi tankou sik ak tansyon. Pr. 17 :22
   4. Li pèmèt ou gen toujou yon kè kontan. Bib la di ke yon kè kontan se yon bon renmèd. Pwo. 17 :22

Pou fini
An nou montre bonte nou yonn pou lòt. Se yon fason pou tout moun kap rekonèt nou kòm kretyen e disip Jezikri. Se dezyèm zouti pou nou gen nan sak vwayaj nou. Ef.4 : 32

Kesyon

1. Ki bi leson an ?
   Pale de bonte kòm yon eleman enpòtan nan vi yon kretyen.
2. Bay nou twa definisyon de bonte.
   a. Se desizyon nou pran pou sèvi moun akòz Jezikri.
   b. Se yon desizyon nou pran pou sèvi etranje akòz Jezikri.
   c. Se desizyon nou pran pou soufri sa moun fè nou akòz Jezikri.
3. Ki jan pou nou sèvi lòt moun akòz Jezikri ?
   Lè nou fè zèv Bon Samariten an.
4. Ki jan de rezilta nou jwen nan bonte a ?
   a. Li fèmen bouch mechan yo.
   b. Li pèmèt ou gen sanfwa.
   c. Li menm anpeche w gen kèk jan de maladi tankou sik ak tansyon.
   d. Li pèmèt ou gen toujou yon kè kontan.
5. Di si se vre, si se manti
   a. Pou yon moun ka kretyen, fòk li asepte moun bay li kalòt depi se lide yo. __ V __ F
   b. Kretyen dwe tolere mechanste. __ V _ F
   c. Lè yon kretyen ap soufri, li pa gen dwa kriye. __ V _ F
   d. Kretyen se moun li ye tankou tout moun. Li gen dwa soufri tankou tout moun. __ V _ F

Leson 4 Konesans

Vèsè pou prepare leson an : Ps. 1 :1-3 ; Ose.4 :6 ; Mat. 4 : 1-10; 24 :15 ; Lik.9 :23 ; Jan. 1 :12 ; 14 : 6 ; 17 :3 ; Ep.4 : 14-15 ; 1Co.8 :1 ; Ap.20 :10

Vèsè pou li nan klas la : Mat.4 : 1-10

Vèsè pou resite : Jezi reponn li: Men sa ki ekri: Moun pa kapab viv ak manje ase. Yo bezwen tout pawòl ki soti nan bouch Bondye tou. **Mat.4 :4**

Fason pou fè leson an : Diskou, konparezon, Kesyon

Bi leson an: Montre ke Jezi pa dakò ak moun ki pa vle aprann li ak ekri.

Pou komanse

Bondye papa nou konnen tout bagay. Eske pitit li ka sòt ? E si yon pitit Bondye sòt, ki moun pou nou blanmen? Fòk nou mande tou ki sa li dwe konnen.

I. **Li dwe konnen Bondye, pou l obeyi l e sèvi l.**
   Mat. 20 :28 Ki jan?
  1. Li dwe asepte Jezikri tankou se la verite Bondye revele nou. Jan. 14 :6 ; 17 : 3
  2. Li dwe rekonèt Jezikri pou Senyè li ak sovè l. Jan.1:12
 3. Li dwe swiv Jezikri sans poze kondisyon. Lik.9:23
 4. Li dwe etidye Bib la ». Mat.4 :4, 7,10
 5. Li dwe fè atansyon a sa lap li. Mat.24 :15
 6. A kote tou sa, li dwe pou l gen charite lakay li pou li pa anfle ak ogèy, paske pale franse pa vle di lèspri pou sa. 1Ko.8 :1
 7. Sonje byen ke Jezi pa bay okenn eskiz a moun ki refize aprann li ak ekri. Mat 24 :15

IV. **Ki danje genyen kant nou pa gen konesans.**
 1. Sa ka kòz nou pèdi anpil benediksyon. Sòm.1 : 1-3
 2. Nou ka detwi tèt nou ak legliz la tou. Oze.4 :6
 3. Legliz Kris la pap janm detwi paske pa gen mizik ak aktivite ; men li kap detwi paske pa gen konesans Bib la.
 4. Bondye ap retire jòb li nan men w paske ou pa bay li mwayen pou l itilize w jan l ta vle. Oze. 4 : 6
 5. Nenpòt fòs doktrin kap pote w ale. Satan jwe nan tèt ou twò fasil. Ef.4 : 14-15
 6. Ou san lè asepte mak la Bèt la san w pa konnen jouk ou al peri nan lanfè pou gremesi. Rev. 20 :10

Pou fini

Nou dwe avwe ke nou pa konn tout bagay. Yon jou na konn tout bagay paske nou pral wè Jezikri anfas. An nou chèche konnen pi plis toujou. Se twazyèm zouti nou dwe mete nan sak vwayaj nou.

Kesyon

1. Ki bi leson an ?
   Montre ke Jezi pa tolere inyorans.
2. Ki jan pou yon moun gen konesans ?
   a. Li dwe asepte Jezikri tankou se la verite Bondye revele nou.
   b. Li dwe rekonèt Jezikri pou Senyè li ak sovè l.
   c. Li dwe swiv Jezikri sans poze kondisyon.
   d. Li dwe etidye Bib la
   e. Li dwe fè atansyon a sa lap li.
   f. A kote tou sa, li dwe pou l gen charite lakay li pou ogèy pa monte l
3. Ki danje inyorans gen ladan?
   a. Sa ka lakòz nou pèdi anpil benediksyon.
   b. Nou ka detwi tèt nou ak legliz la tou.
   c. Bondye ap retire jòb li nan men nou paske nou pa bay li mwayen pou l itilize w jan l ta vle.
   d. Nenpòt fòs doktrin kap pote w ale. Satan jwe nan tèt ou twò fasil.
   e. Ou san lè asepte mak la Bèt la san w pa konnen jouk ou al peri nan lanfè pou gremesi.
4. Di si se vre si se manti
   a. Pòv an espri se moun ki pa konn li ekri. _V _ F
   b. Pòv an espri se moun ki fè yo piti devan Bondye. _ V_ F
   c. Si yon moun fè dis sou dis nan egzamen, Jezi dwe fè l antre nan syèl kan menm. _ V _ F

Leson 5 Sanfwa

Vèsè pou preparasyon an : Egz.14 :1-14 ; Esther.1 :1-2 ; 2 : 1-4 ; Agg.1 :9 ; Mat. 12: 33-37; Lik.21: 34-36; 1Ko.7:29-31; 1Pyè.5:8
Vèsè pou li nan klas la : Egz.14 :13-19
Vèsè pou resite : Seyè a ap goumen pou nou. Nou menm, poze san nou. **Egz.14 :14**
Fason pou fè leson an : Diskou, konparezon, Kesyon
Bi leson an: Montre ki jan yon moun ka fè anpil gwo erè lè li pa gen sanfwa.

Pou komanse
Zafè tanperans la se yon bon bagay ki vin ra nan syèk moun toujou prese sa. Moun yo fache pou anyen. Yo voye tout moun odyab san nesesite. E yo kwè yo gen rezon pou fè sa. Ki sa la Bib di de tanperans?

I. **Se gade sanfwa:**
   1. Nou te kapab tradi Egzod 14 et vèsè 14 konsa : « Piske Letènèl ap konbat pou w, gade sanfwa w».
   2. Lè ou manke sanfwa ou sezi fasil. Ou pa kapab pran san w. Ou pèdi kontwòl sityasyon yo. Ou di bagay e ou fè bagay ke ou pral regrete pita. Nou wè wa Asyeris divòse ak rèn Vasti nan yon moman li pèdi sanfwa Est.2 :1

II. **Se genyen anpil moderasyon** :
   1. *Nan fason nap pale.* Jezi di ke nan dènye jou, nou pra l jije pou tout vye koze nou te di nan bouch nou. Pwo.10 :19; Mat.12 :36

2. *Nan fason nou manje ak bwè.* Jezi mete nou an gad pou nou pa bwè ni manje twòp. Sa kap anpeche nou gen zye nou louvri sou sa kap pase nan dènye tan. Lik.21:34
3. *Nan plezi la chè.*
   a. Apòt Pòl bay nou konsèy pou nou kap modere nan zafè sèks ant madanm ak mari, se dekwa pou nou gen tan pou la priyè. 1Ko.7:29-31
   b. *Nan bonbans nap fè nan fèt nou yo.* Nou dwe evite bwè jouk nou sou. Eza.5:11
   c. *Nan fason nou meble kay nou.* Nou konn gen tantasyon pou plen kay nou ak mèb, ak dekorasyon jis pou nou fè wè. Pandan tan saa nou bliye reskonsablite Jezikri bay nou. Age.1:9
4. Pou nou fin di w, moderasyon se kontwole dezi nou gen yo nan yon fason pou nou rete onèt e dwat devan Senyè a. 1Pyè.5:8

III. **Ki sa ki kap rive si nou pa gen tanperans ?**
   1. Nou kap aji mal. Pwo.19:1
   2. Nou ka espoze nou nan move milye ki kap yon danje pou nanm nou. Se sa kap lakòz nou kap pèdi:
      a. Yon bon maryaj
      b. Yon bon sityasyon
      c. Yon bon zanmi.
      d. La pè nan konsyans nou, ak pwochen nou, ak Bondye nou. Veye sa kap soti nan bouch nou. Se la sous la vi a ye. Pwo.4:23

Pou fini

Modere nou. Se katriyèm zouti nou dwe mete nan sak vwayaj nou.

Kesyon

1. Ki sa tanperans ye ?
   Se sanfwa, moderasyon
2. Ki jan nou ta kap entèprete Egz.14 :14 ?
   Letènèl ap konbat ou, ou men gade sanfwa.
3. Ki danje ki genyen lè yon moun manke sanfwa ?
   a. Li pa mal pou l sezi
   b. Li pran desizyon jodia ke li va regrete demen.
4. Di ki lè moun ta dwe modere
   a. Nan sa nap di
   b. Nan sa nap bwè, sa nap manje
   c. Nan plezi lachè
   d. Nan fason nou meble kay nou.
5. Ki sa ki kap rive kant nou manke tanperans ?
   a. Nou kap aji mal.
   b. Nou kap konpwomèt yon bon maryaj, yon bon sityasyon, yon bon relasyon ak zanmi nou.
   c. Nou kap pèdi la pè nan konsyans nou.

Leson 6 Pasyans

Vèsè pou prepare leson an : Sòm.37 :5 ; Lam.3 :26 ; Ga.5 :22 ; 2Ti. 2 :24 ; Ja.1 :1-12 ; 2Pyè.3 :9

Vèsè pou li nan klas la : Ja.1 : 1-4

Vèsè pou resite : Mwen menm Jak, sèvitè Bondye ak Jezikri Seyè nou an, m'ap ekri lèt sa a pou douz branch fanmi yo ki gaye toupatou sou latè. Bonjou pou nou tout. Frè m' yo, se pou nou santi nou kontan anpil lè nou wè nou tonbe anba nenpòt kalite eprèv.

Ja.1 :1-2

Fason pou fè leson an : Diskou, konparezon, Kesyon

Bi leson an : Pou nou chèche ki fwi pasyans pote.

Pou komanse

Men yonn ankò nou pa jwen ase nan syèk moun toujou prese a! Distans pou moun nan konte 1, 2, 3 li te vle tout bagay pare ap tann li.

I. **Ki sa pasyans la ye ?**
   1. Se kapasite yon moun genyen pou li ka tann, pou li kap sipote ak kouraj tout mal, tout dezagreman nan la vi a. Mo sa soti nan lang grèk *patòs* ki vle di soufrans.
   2. Se kalite yon moun genyen pou li kap tann lontan san li pa fache. Si lapòt Jak ta wè sa kay nou, li tap kontan. Ja.1 : 12
   3. Se yonn nan pati ke nou jwen pami fwi ke lespri sen an pote. Ga.5 :22

II. **Men kèk egzanp de moun ki te gen pasyans.**
   1. Tout dabò Bondye bay nou egzanp la. Li pran pasyans ak tout pechè yo pou yo gen tan repanti. 2Pyè.3 :9
   2. Jòb te loreya nan konkou pasyans la. Ja. 5 :10-11
   3. Tout sèvitè Bondye ta dwe gen zouti sa nan sak vwayaj li pou syèl la. 2Ti.2 :24

III. **Ki sa mank pasyans la kap fè ?**
   1. Ou kap pèdi lafwa. Depi w pèdi pasyans, ou kap pèdi la fwa tou. Sòm.37 :5
   2. Ou kap vini ak yon fo solisyon devan yon pwoblèm serye paske ou pat pran tan pou w reflechi.
   3. Ou bay tèt ou pwoblèm pou gremesi. Fil. .4 : 6

V. **Ki jan Bondye rekonpanse pasyans nou.**
   1. Bondye onore pasyans nou gen nan zeprèv yo. Ja.1 : 2-4, 12
   2. Pèsonalite nou vin pi fò
   3. Temwayaj nou a sèvi yon egzanp pou lòt yo kan se tou pa yo pou yo sibi menm jan de pwoblèm sa yo. Ja.5 :11

Pou fini
Li toujou pi bon pou nou tann an silans ki sa Bondye ap di nou. Lam.3 :26. Sa se senkyèm kalite pou nou mete nan sak vwayaj nou.

Kesyon

1. Ki sa pasyans la ye ?
   Se kapasite nou genyen pou sipòte tout pwoblèm nou jwen nan la vi.
2. Kote mo sa soti ?
   Nan lang grèk : ***patòs*** ki vle di soufrans
3. Bay twa egzanp de moun ki te gen pasyans.
   a. Bondye ki montre pasyans a tout pechè yo
   b. Jòb nan kalamite li yo
   c. Sèvitè Bondye nou an
4. Ki sa mank pasyans la kap fè ?
   a. Nou kap pèdi lafwa
   b. Nou riske jwwen fo solisyon a pwoblèm nou yo
   c. Nou bay tèt nou pwoblèm pou gremesi
5. Ki rekonpans nap gen si nou gen pasyans?
   Kouwòn de vi a

Leson 7 Perseverans

Vèsè pou prepare leson an : Jen.. 5 :22-25 ; Ps.1 :2 ; 133 :1 ; Pr.18 : 1 ; Jer. 15 :16 ; Mat.24 :13 ; Lik.18 :1-8 ; Trav. 1 :14 ; 2 :42 ; 14 :22 ; Wo.10 :17 ; 1Ko. 12 : 12-17 ; 16 :13 ; Ef.5 :19 ; 6 : 10-13 ; Kol.4 :2 ; 2Tes.1 :4 ; 1Ti. 1 : 18-19 ; 4 :13, 16 ; 2Ti. 4 : 7-8 ; Ebré.10 :25, 36 ; 12 :1 ; 13 :1 ; Ja. 1 :12 ; Rev.2 :10
Vèsè pou li nan klas la : Jen.5 :22-25
Vèsè pou resite: Apre nesans Metouchela, Enòk te mache byen ak Bondye pandan twasanzan (300 an). Li te vin gen anpil lòt pitit gason ak pitit fi. **Jen. 5 :22**
Fason pou fè leson an : Diskou, konparezon, Kesyon
Bi leson an : Pou nou pa pran mache legliz pou pèseverans.

Pou komanse
Gen bagay ki sanble men yo pa menm. Se sa anpil kretyen pa konprann. Daprè yo si yo mache nan sèvis legliz chak jou, se sa kap fè yo sove. Si se konsa l ta ye, Satan ap sove avan yo piske li pi regilye nan legliz pase nou. An nou debat kesyon sa pou yo.

I. **Ki sa pèsevere legliz la ye** ?
  1. Se fidelite nou pou nou pa manke sèvis yo. Sa fè nou anpil dibyen, paske nou yon kap sipòte lòt. Ebr.10 :25
  2. Kan Jezi te di : Moun ki va pèsevere jouk la fen, se li ki va sove.» Mat.24 :13, li pat janm pale de kantite sèvis ou te prezan ladann. Sansa, ki sa w kap di pou kretyen ki kouche malad kay yo ou byen nan lopital depi lontan ? Jezi te pale de

mache ak Bondye jis la fen tankou Enòk te fè. Jen. 5 : 22. Alafen, Bondye monte avè l. Jen.5 :24

II. **Men ki sa pèseverans lan ye.**
Li vle di wap mache pa la fwa ansanb ak Bondye. Tra 14 :22 ; Ebr.12 :1 ; 1Ko.16 : 13
1. Fwa sa ogmante chak lè nou li Pawòl Bondye a
   a. Se pou nou li Bib la chak jou.
      Jer. 15 :16 ; Wo. 10 :17
   b. Pou nou fè ti gwoup pou nou etidye l. Ef.5 :19
   c. Pou nou medite l lan nwit tankou la jounen. Konsa lap antre nan la vi nou tankou se te yon sewòm kap antre ti gout pa ti gout nan venn nou. Sòm.1 : 2 ; 1Ti 4.13, 16
   d. Se pou nou pran lapriyè tankou se te yon travay. Tra 1 :14 ; Kol.4 :2
   e. Se pou nou pèsevere nan bon relasyon ant frè ak sè nou yo. Tra. 2 : 42
2. Plan Bondye menm se pou l gen yon legliz kote tout manm yo ap sipòte yonn lòt.
   1Ko 12 : 12-17 ; Ebr.13 :1
   a. Se sa ki fè yo dwe pèsevere nan relasyon yo yon ak lòt. Pwo 18.1 ; Sòm. 133 :1.
   b. Li nesesè tout pou yo mennen batay èspirityèl la ansanm. Ef. 6.10-13 ; Ebr 10 : 36; 2 Tès. 1.4 Se pa mwayen sa yo kretyen an kap viv gras a la fwa li. 1 Ti 1.18-19.

II. **Ki jan Bondye rekonpanse pèseverans saa ?**
1. Bondye reponn a priye moun sa yo ki mete yo apa pou sèvis li. Lik.18 :1-8
2. Li rezève pou yo kouwòn yo rele LA VI ETENEL. 2 Ti. 4.7-8 ; Ja. 1 :12; Rev 2 :10

Pou fini

An nou rete fidèl a Mèt la kèlke swa kote nou ye, epi nou mèt tann li kap vinn chèche nou. Sa se sizyèm zouti pou nou mete nan sak vwayaj nou.

Kesyon

1. Ki diferans ki genyen ant mache legliz ak pèseverans?
   Mache legliz se fidelite nou nan sèvis yo. Pèseverans se mache ansanm ak Bondye.
2. Ki jan nou kap kenbe pèseverans nou?
   a. Se pou nou li Bib la chak jou
   b. Pou nou fè ti gwoup pou nou etidye l
   c. Se pou nou medite l lan nwit tankou la jounen.
   d. Se pou nou pran lapriyè tankou se te yon travay.
   e. Se pou nou pèsevere nan bon relasyon ant frè ak sè nou
3. Ki jan Bondye bay valè a pèsevrans nou an ?
   a. Li reponn a priyè nou fè onon de Jezi
   b. Li pwomèt nou kouwòn la vi etènèl la.
4. Di si se vre si se manti.
   a. Satan ap nan syèl la paske li toujou nan tout reyinyon nou yo. __ V _ F
   b. Lè yon kretyen mouri, se pou yo mete rejis apèl la nan sèkèy li pou Bondye ka konnen jan li te regilye legliz la. _ V _ F
   c. Peseverans se wè Bondye nan tout la vi w. –V - F

Leson 8 Lanmou frè ak sè yonn pou lòt

Vèsè pou prepare leson an : Mat.26 :29 ; Jan.3 :16 ; 14 :3 ; Ro.5 :1 ; 12 :19 ; Col.2 :14 ; Hé.2 :11 ; 1Jan.1 :7 ; Ap.1 :5

Vèsè pou li nan klas la : 1Jan.3 :13-19

Vèsè pou resite : Pitit mwen yo, piga nou renmen sèlman nan bouch, nan bèl diskou ak bèl pawòl. Se pou nou renmen tout bon vre. Se pou tout moun wè jan nou renmen lè yo wè sa n'ap fè. **1Jan.3 :18**

Fason pou fè leson an : Diskou, konparezon, Kesyon

Bi leson an : Montre tout moun ki jan nou ini nan Jezikri.

Pou komanse

Mwen poko trouve yon mo ki pi fò pou pale de amitye ant frè ak sè nan yon legliz. Mwen bay ou sa pou garanti, si nou mete vi sa an aplikasyon, nou mèt di ke nou jwen syèl nou depi sou tè saa. Ki sa dapre nou ke amitye ant frè ak sè a rekomande?

I. **Li mande pou nou gen Kris an tèt tout relasyon nou.**

   Pouki sa ? Se paske Kris te fè menm depans la pou sove nou tout.

1. Sou bwa kalvè li peye pri pou peye pou peche w yo. Ni pou mwen tou. Kol.2 :14
2. Li lave w de tout peche ak san li. Pou mwen tou. 1Jan.1:7; Rev.1 :5
3. Li jistifye w palafwa. Mwen menm tou. Wo.5 :1
   Li bay ou la vi etènèl. Ni mwen tou. Jan.3 : 16
4. Kris ap vin chèche w pou mennen w nan syèl. Ni mwen tou. Jan.14 :3

5. Li pa santi l jennen pou l rele w frè. Konsa mwen tou. Ebr.2 :11

II. **Tout moun kap wè sa nan zanmitay nou gen yon pou lòt ak Kris nan mitan**. Tra.2:43-46
Ki jan?
1. Pwoblèm yonn se pwoblèm lòt.
2. Ni nan fèt ni nan la penn, ou wè tout la.
   a. Byen pa m se pa w. Pa gen sa se pa m ou kinan m.
   b. Mwen gen tan pou w. Ni ou menm tou.
   c. Sa mwen jwen ki bon pou mwen an, li bon pou w tou. Ou fè menm jan tou.

III. **Men eske amitye sa pa gen yon limit** ?
1. Nou yonn pa kap rejwi de chit a yon lòt. Sa pa kapab fè Jezi nou an popilè. Se pa pou sa li te vèse san l sou bwa kalvè a. 1Ko.13 :6
2. Mwen pa gen dwa tire revanj sou w. Ni ou menm tou paske Kris te di : « Zafè vanjans la ni rekonpans la se nan menm sa ye.»
3. Mwen pa gen dwa jije w pou zak w. Bondye rezève pou l jije l nan dènye jou. Mwen pa konnen ki sa ki fè ou pi prese pase l. Ebr.10 :30
4. Nou dwe padonen yonn lòt paske se frè nou ye. Gen yon jou kap vini, nou tout va chita atab ansanm ak mèt la, anba zye Bondye. Mat.26. :29 ; Kol.3 :13

Pou fini
Eske se tout bon nou vle mete bon bagay saa nan sak vwayaj nou ? Reflechi kretyen.

Kesyon

1. Ki posiblite genyen pou yonn renmen lòt?
    a. Kris te fè menm depans la pou chak moun.
    b. Li te peye menm pri pou sove nou.
2. Ki jan nou kap wè ke kretyen yo gen amitye sa yon pou lòt?
    a. Pwoblèm yonn se pwoblèm lòt la.
    b. Yo mete tèt yo ansanm nan jwa tankou nan la penn.
3. Ki ta dwe atitid yon kretyen kant yon lòt kretyen chite?
    a. Li pa dwe rejwi pou sa.
    b. Li pa gen dwa vanje de frè l.
    c. li pa gen dwa jije frè l. Se pou l kap tann jijman Bondye.
    d. Li dwe padonen l la pou la.

Leson 9 Lanmou

Vèsè pou prepare leson an : Mat.6 :14-15 ; Lik. 6 :38 ; 10 :30-37 ;
19 :10 ; Jan. 3 :16 ; 13 :34 ; 14 :13 ; Ro.8 :24 ; 1Co.13 :8 ; 1Jan.3 :2, 14

Vèsè pou li nan klas la : 1Jan.3 :7-14

Vèsè pou resite : Nou menm, nou konnen nou soti nan lanmò, nou antre nan lavi. Nou konn sa, paske nou renmen frè nou yo. Moun ki pa renmen frè l', li mouri. **1Jan.3 :14**

Fason pou fè leson an : Diskou, konparezon, Kesyon

Bi leson an : Pale de lanmou tankou pi gwo fòs ki egziste nan monn nan.

Pou komanse

Anpil moun pran lanmou an mal. Yo pran li sèlman tankou relasyon fiy ak gason. Pita yo regrèt pase se pa sa li ye. Nou vini jodia ak lòt definisyon ki pi bèl pou gide nou, pou nou pa pran mantèg pou bè.

I. **Ki sa lanmou an ye ?**
   1. Li parèt tankou sa nou aprann nan fizik. Se yon levye de premye kalite:
   Moun nan kap pote chaj la li chita ant chaj la kap fè rezistans ak pisans pou leve chaj la.
      a. Fòs la se pisans Sentespri a kap mennen nou nan tout verite a. Jan.16 :13
      b. Moun nan kap pote tout chaj la se Jezikri ki piye sou bwa kalvè a pou li rekonsilye nou a Papa a. 2Ko.5 :19

c. Rezistans la, se nou menm pechè pèdi a kap reziste kan Bondye ap rele nou pou li sove nou. Lik.19 :10

Lanmou sa gen fòs pou li gen viktwa sou kè di, enkredil ak mechan yo.

II. Lanmou sa mande nou fè pou lòt moun menm jan Kris fè pou nou.

1. Kris renmen e li mande nou pou nou fè menm jan tou. Jan.13 : 34
2. Kris bay e li mande nou pou bay tou. Lik.6 :38 ; 10 :30-37
3. Kris padonen e li mande nou pou nou fè menm jan tou. Mat.6 : 14-15

III. Lanmou sa ap demere pou tout tan gen tan.

Ni la fwa, ni Espwa gen pou disparèt. Sèl lanmou an ki va rete pou touttan gen tan.

1. Nou pap bezwen la fwa ankò, paske sa nou te kwè ladan san nou pa wè li, men nou resi wè li jodia. 1Jan.3 :2
2. Nou pap bezwen espwa ankò pou menm rezon saa. Wo.8 :24

Lanmou an pap janm peri, paske se Bondye menm li ye. Si ou genyen l nan ou, w pap kap mouri. An nou renmen non ! 1Ko.13: 8

Pou fini

Sa se uityèm zouti a. Eske ou genyen l nan sak vwayaj w?

Kesyon

1. Ki sa lanmou ye ?
   Se premye levye ki genyen kote sa kap sipote chaj la chita ant fòs pou leve chaj la ak chaj la limenm.
2. Ki lès ki pisans la ?
   Se Sentespri a ki la pou mennen nou bay Jezi ki la verite a
3. Ki lès ki rezistans la ?
   Se pechè a kap fè rezistans a Sentespri a kan li vle konvenk li pou l konvèti
4. Ki lès ki sipòte chaj la ?
   Se Jezikri sou bwa kalvè a. Li kanpe ant Pisans Sentespri a e pechè a pou li rale 1 mennen 1 bay Papa a.
5. Daprè ou menm, ki sa fòs lanmou an kap fè ?
   Li kap fonn kè ki mechan, kè di , kè endiferan.
6. Pouki sa nou di ke lanmou se yon fòs ki kap genyen w ?
   Jezi renmen, li bay e li padonen. Li mande nou pou nou fè menm jan tou.
7. Pouki sa nou di ke lanmou se yon kalite ki pap janm fini?
   a. Paske se li sèl kap rete apre nou kite tè saa.
   b. Tout sa nou tap espere yo, nou va wè yo.
   c. Lanmou se Bondye menm. Bondye pa kapab mouri.

Leson 10 Se lè pou verifye sak vwayaj ou

Vèsè pou prepare leson an : Mat.25 :34 ; Ja.1 :12 ; 2Pi.1 :1-9 ; Ap.14 :13

Vèsè pou li nan klas la : 2Pi.1 : 1-9

Vèsè pou li byen fò : Se poutèt sa, nou dwe fè tou sa nou kapab pou nou pa rete ak konfyans nou gen nan Bondye a sèlman. Men, apa konfyans lan se pou nou gen bon kondit. Apa bon kondit la, se pou nou gen konesans. Apa konesans la, se pou nou konn kontwole tèt nou. Apa konn kontwole tèt nou an, se pou nou gen pasyans. Apa pasyans la, se pou nou sèvi Bondye. **2Pyè.1 : 5-6**

Fason pou fè leson an : Diskou, konparezon, Kesyon

Bi leson an : Fè kretyen an konprann ke li reskonsab tout sa li ap jere nan vi èspirityèl li.

Pou komanse

Ki jan pou yo verifye bagay ki nan trouso nou? Apòt Pye di nou ki jan. Li menm ajoute ke: "si bagay sa yo nan nou an kantite, moun kap wè sa ».

I. **Ki jan?**
   1. Nap gen yon demanjezon pou nou konnen Pawòl Bondye a e pou nou pataje l. 2Pyè.1 :8
   2. Nou pap kite peche chita nan vi nou. 2Pyè.1 :9
   3. Nou rete fèm nan konviksyon kretyen nou. 2Pyè.1:10
   4. Nou dakò pou resevwa egzotasyon. 2Pyè.1 : 13

5. Okontè, gen moun ki pran legliz pou syèl yo.
   a. Yo kwè nan revèy pou chofe ak nan lajan yo. Fil.3 : 18-19
   b. Yo bliye repanti, yo pa konn padonen, yo pap janm rekonsilye a frè yo. Yo pa vle sanktifye yo.
   c. Pyè di ke yo avèg. Yo pa wè lwen. Se byen la tè ki Syèl yo. 2Pyè.1: 9

II. **Ki sa kap rive a malèt yo ki anba lakal avyon an Jezikri a?**
Bib la di « Zèv nou ap swiv nou. Sa vle di : Jezi lepou ap fin akeyi nou avan.
Mat.25: 34; Rev.14 :13
Lè Jezi depouye malèt nou, men ki sa li va jwenn
1. Rapò de tout misyon nou te akonpli nan non Jezi.
2. Lis non moun nou te ede, moun nou te egzote nan non Jezi. Jak.5 :19-20
3. Non nanm nou te sove nan non Jezikri.
4. Kontribisyon nou nan legliz nou pou avanse rèn y Jezikri.
5. Tout sèvis nou te rann legliz la san nou pat tann rekonpans nan men lòm.
6. Bon lentansyon nou te gen pou fè bagay pou Kris men ki malgre tou, yo pat reyisi.
7. Tout soufrans nou sipòte pou tèt Jezikri. Jezi pral mete yo tout sou kouwò n nou.

III. **Ki sa ki rive malèt yo ke ladwann kenbe yo?**
1. Pa gen okenn malet kap pèdi si ou te vwayaje abò Jezi, veso selès la. Si Kris asepte w nan syèl la, li asepte zèv ou yo tou. Rev.14 :13b

2. Si li pa asepte w nan syèl la, ou mèt kwè m malèt ou yo pa pèdi. Ou gen dwa al reklamen yo kay Lisifè. Yo nan men Satan le Dyab. Mat.25 : 41-46
3. Lè pou w verifye yo, ou pa gen anyen kap pèdi nan malet ou. Satan ap jwen tout tripotaj ou yo, fo temwayaj ou yo, pale moun mal ou yo, ladim ou vole yo, manti ou yo, kondòm pou fè adiltè yo, pwazon vyolan ou yo, fo paye yo, krim ak fetich yo.
4. Depi lè saa, Lisifè ap tou gade w tankou nouvo lokatè li ; li pral montre w lojman ou nan dife lanfè ki te prepare pou Satan ak zanj li yo. A la tris sa va tris !

Pou fini

Mwen ta konseye nou verifye pou tèt nou, tout sa ki nan sak vwayaj nou, carry-on nou, sa ki nan malèt nou. Mete sou la men paspò la vi etènèl la, gade wè si li siyen ak san Jezikri. Lap tann nou tout nan Imigrasyon syèl la. Pap gen dekolaj ! Atansyon pou nou pa pran sipriz ak sezisman!

Kesyon

1. Ki jan pou nou verifye bagaj èspirityèl nou ?
   a. Se lè nou wè nou gen yon kè cho pou konnen Bondye a
   b. Ou gen zèl pou sèvi Jezikri.
   c. Ou konfese tout vye peche ou te fè lontan lontan.
   d. Ou ranmase karaktè w nan levanjil.
   e. Ou remèsi moun ki fè w egzotasyon.
2. Ki jan fo kretyen yo wè vwayaj sa ak Kris?
   a. Yo pran legliz pou syèl yo, kote yo jwen anbyans yo
   b. Yo pa sou bò repanti, ni padonen moun, ni rekonsilye ak moun, ni sanktifye la vi yo.
3. Koman apòt Pyè konsidere yo? Tankou moun ki avèg
4. Ki sak pase ak zèv nou yo? Yap swiv nou.
5. Ki sa yo sipoze jwen nan malèt nou yo ?
   a. List moun nou te bay levanjil ki konvèti
   b. Vizit misyonè nou yo ak priye kay moun yo
   c. Kontribisyon nou pou lèv la kap mache.
   d. Sèvis nou rann legliz la
   e. Moun nou egzote ou byen ke nou te sipòte
   f. Soufrans nou sibi akòz Jezikri
6. Ki sa ki rive si nou pa jwen malèt nou ?
   Si Jezi pat resevwa w li pa resevwa malèt ou tou.
7. Ki kote pou w al reklame yo?
   Ou dwe al reklame yo nan men Lisifè ak Satan le Dyab
8. Ki sa ki gen nan malèt sa yo ke Kris pat resevwaa?
   Vòl, adiltè, fo papye, fetich, wanga, medizans, pale mal, krim ak pwazon.

Leson 11 Yon manman ki merite lonè

Vèsè pou preparasyon an: Pwo.22 :6 ; .31 : 10-31
Vèsè pou li nan klas la : Pwo.31 : 10-16
Vèsè pou resite : Sa pa fasil pou moun jwenn yon bon madanm. Lè li jwenn li, li gen plis valè pase yon boul lò.. **Pwo.31 : 10**
Fason pou fè leson an : Diskou, konparezon, Kesyon
Bi leson an : Ankouraje paran yo pou yo fè devwa yo pi byen nan mitan fanmiy an.

Pou komanse
Chak ane nou toujou selebre fèt manman yo nan yon fason diferan. Men, si nou ta vle chwazi yon manman pou lane a, ki lès nou kwè nou ta dwe chwazi?

I. **Yon manman ki konn fè bon manje.**
    Yon manman ki fè bon manje e ki montre pitit fiy li kwit manje. Ti fiy la dwe pou l konnen ke se stajè li ye kay manman l pou jou li marye pou l kap okipe mari l ak pitit li. Ti gason yo dwe aprann menm jan tou. Pwo.31 :15

II. **Yon manman ki pa lage kòl**
    Li dwe montre pitit fiy li ki jan pou l abiye. Pwo.31 :21-22
    Depi ti moun nan tout piti, li dwe konnen ke li pa yon pope twèl. Li dwe abiye byen, li dwe met gangans sou li. Di m ki jan ou abiye, ma di w ki moun ou ye.

III. **Yon manman ki gen lobeyisans**
1. Yon manman ki obeyi mari l san boude, bay bon egzanp a pitit li. Ef.5 : 22
2. Yon fwaye pa kapab gen de tèt. Se yon madigra pou fè moun pè.
3. Madanm nan pa imilye tèt li kant li obeyi mari l. Poutan se sa ki bay li valè pou kenbe fwaye a nan la pè e nan amoni.

IV. **Yon manman ki konn pran reskonsablite l.**
Se li ki okipe kay li. Li pa bay moun fè edikasyon pitit li. Kan ti moun nan dolote, li pa prepare pou l viv nan sosyete a. Li kap fè moun soufri. Pwo.31 :15-19

V. **Yon manman ki renmen travay**
Li tankou yon rèn nan yon riche. Li pa gen tan pou li al fè landjèz. Pwo.31 : 15, 27

VI. **Yon manman ki kretyen**
Se li ki fè ti moun yo lapriyè kant papa a pa la.
Bay ti moun yo manje, penyen yo, voye yo lekòl, se bon bagay. Men sa ki pi enpòtan se fòme kè yo nan kil de fanmiy. Nou dwe mete aksan sou lekti Bib la ak priyè pou chak moun kap fè. Pwo.31 :26

VII. **Yon manman ki konn sosyete.**
Li aprann ti moun yo di mèsi, aprann yo salye moun, ekri ti lèt a grann yo, a granpapa yo ki pa la, aprann di eskize kan yo ofanse moun. Pwo.31 :28-29

Tout sa louvri pòt pou ti moun yo nan sosyete. Yap konn apresye e yap respèkte moun.

Pou fini

Pi bon bouke flè w jodia se tout ti moun ou yo ou te bay edikasyon nan fanmiy an. Ou gen dwa resevewa l. Menm si pafwa yo pa konprann ou. Yo di w pale twòp. Men ou merite l.

Kesyon

1. Ki bi leson an ?
   Ankouraje paran yo pou yo jwe wòl paran yo pi byen
2. Ki manman ki merite fete jodia ?
   a. Manman ki montre ti moun yo fè manje
   b. Manman ki montre ti moun yo ki jan pou yo abiye
   c. Manman ki bay egzanp obeyisans
   d. Manman ki kon pran reskonsablite l
   e. Manman ki kretyen
   f. Manman ki montre ti moun yo sosyete
3. Pou ki nou pran yon jen fiy kap fè kizin kay manman l?
   Tankou yon moun kap fè staj pou fwaye l demen
4. Kote sa soti ke gen jen fiy ki pa konn abiye?
   Yo te jwen tolerans kay paran yo
5. Eske yon fanm pèdi diyite l si li obeyi mari l.
   Non. Se egzanp lap bay a pitit li yo.
6. Ki sak rive kan se pa paran yo ki elve ti moun yo ?
   Yo mal pou pran plas yo nan sosyete a.
7. Ki moun ki sipoze montre ti moun yo priye lakay la? Jeneralman se manman an
8. Ki moun ki pi souvan montre ti moun yo salye moun? Jeneralman se manman an

Leson 12. Yon papa ki merite lonè

Vèsè pou prepare leson an : Ps.122 :1 ; Pr.22 :6, 15 ; Mat.13 :55 ; Jan.14 :3 ; 1Co.14 : 33, 40 ; 2Co.5 :17
Vèsè pou li nan klas la : Hé.12 :3-11
Vèsè pou resite : Kanta nou menm, manman ak papa, pa aji ak timoun nou yo yon jan pou eksite yo. Men, ba yo bon levasyon, korije yo, pale ak yo dapre prensip Seyè a. **Ef.6: 4**
Bi leson an : Montre k ijan yon papa ki fèm e ki dous an menm tan ka fòm moun ki dwat nan la vi a.

Pou komanse

Nan pwen bagay ki pi fè mal kant yo fin fete manman yo byen e yo fè neglijans nan fèt papa yo. Nou di pòv djab pou papa yo ki preske toujou deyò al chèche pen pou fanmiy nan. Men ki papa ki merite yo fete l?

I. **Yon papa ki enstri pitit gason l.**
   1. Li montre pitit li metye li fè pou elve ti moun yo. Mat.13 :55
   2. Josèf te bòs chapant. Li montre Jezi metye a.
      a. Jezi te konn metye a pi byen menm pase Jozèf. Li toujou rete chapantye.
      b. Pou li bati kay pou nou nan syèl la. Jan.14 :3
      c. Pou li fè sèkey pou antere tout relijyon. Sè l Levanjil la kap rete! 2Ko.5 :17

II. **Yon papa ki sipòte pitit li**
   Li asiste ti moun yo lè yap fè devwa yo, lè yo ale nan èspò. Ti moun nan pran fòs paske papa l la ap gade l.
   Gade ki jan Bondye leve Jezi nan plizyè okasyon.

1. Nan batèm Jezi, nan flèv Jouden an, papa di byen fò pou tout moun tande: « Sila se de grenn zye tèt mwen ki pran tout plas nan kè m. » Mat.3 :17
2. Devan Moyiz, pwofèt Eli ak twa disip Pyè, Jak ak Jan li di byen fò : Sila se degrenn zye tèt mwen….» Mat. 17 : 4-5
3. Devan yon gwo foul moun li di: Mwen leve l byen wo, se atò map leve l pi wo. Jan.12 :28-30

III. Yon papa ki konn pran reskonsablite l
Li pa lage tout chaj la sou do madanm li. Li peye bòdo a tan ; li sipòte madanm li. Li pran swen madanm li e li ede l nan travay ki pou fèt la kay la. Ef.5 :29

III. Yon papa ki gen koutwazi
Loske papa gen koutwazi, ti moun yo vin menm jan. Li montre sa sitou lè lap pale. Ef. 5 :25

IV. Yon papa ki gen disiplin
Li mete tout bagay li annòd la kay la. Li prepare ti moun yo pou yo vin lidè demen. E sitou, li pa rele sou tèt yo si l vle fome yo tankou lidè.
Pwo.22:15; 1Ko.14: 33, 40; Ef.6:4

V. Yon papa ki ede
1. Kan moman an rive, li dwe montre ti moun yo kondi machin. Li montre yo fè ekonomi, montre yo pale anpiblik ; montre yo ki jan pou yo asepte ni pèd ni gen ak menm karaktè a. Pwo.22 :6

2. Nan dènye match sou bwa kalvè a, Bondye te lese Jezi pou kont li paske li konnen sa li te kap renmèt devan Satan le Dyab. Konsa Jezi vin chanpyon sou lemonn, le dyab ak la chè. Mat.27 :46 ; 1Ko.15 :57

VI. Yon papa ki kretyen
1. Li ale ansanm ak fanmiy nan legliz e li kondi kil nan fanmiy an. Sòm.122 :1
2. Jezi ankouraje nou. Li toujou nan mitan kil de fanmiy an. Mat.18 :20

Pou fini
Tanpri, pa mande papa yo pou yo zero fot. Sipote yo. Apresye yo, konsa ya fè pi plis pou fanmiy an.

Kesyon
1. Ki bi leson an? Ankouraje ti moun yo pou yo onore papa yo ki neglije byen souvan
2. Ki papa ki merite onore ?
   Yon papa ki enstri ti moun yo, yon papa ki sipòte pitit li, ki gen koutwazi, ki pran reskonsablite l, ki kretyen.
3. Ki egzanp Jozèf te kite ?
   Li te montre Jezi metye chapant la.
4. Ki jan nou konnen Jezi te kenbe metye saa ?
   a. Tout moun te rele l ti bòs chapant la nan peyi l.
   b. Li konn pale de konstriksyon, de kay naan syèl la.
5. Ki sa yon papa fè kant li asiste gason l?
   a. Li kap pi fasil montre otorite l sou li.
   b. Ti moun nan pi deside pou fè devwa l.

6. Ki jan li kap montre koutwazi a ti moun li yo?
   Nan fason li aji ak madanm li
7. Eske gen danje si li montre pitit li kondi oto ?
   Pa toutafè. Li dwe montre l ki jan pou l pridan e reskonsab.
8. Ki sèvis papa rann fanmiy an kant li ale ansanm ak yo legliz. ? Fanmiy nan vin pi ini.

Lis vèsè yo

1. Kenbe tèt nou anplas, rete sou prigad nou. Paske dyab la, lènmi nou an, ap veye nou tankou yon lyon ki move, k'ap chache moun pou l' devore. 1Pyè.5 :8

2. Nou konnen pesonn pa ka fè Bondye plezi si li pa gen konfyans nan Bondye. Moun ki vle pwoche bò kot Bondye, se pou yo kwè gen yon Bondye, yon Bondye k'ap rekonpanse tout moun k'ap chache li. Ebré. 11 :6

3. Okontrè, se pou nou aji byen yonn ak lòt, se pou nou gen bon kè yonn pou lòt, pou nou yonn padonnen lòt, menm jan Bondye te padonnen nou nan Kris la. Ef.4 :32

4. Jezi reponn li: Men sa ki ekri: Moun pa kapab viv ak manje ase. Yo bezwen tout pawòl ki soti nan bouch Bondye tou. Mat.4 :4

5. Seyè a ap goumen pou nou. Nou menm, poze san nou. Egz.14 :14

6. Mwen menm Jak, sèvitè Bondye ak Jezikri Seyè nou an, m'ap ekri lèt sa a pou douz branch fanmi yo ki gaye toupatou sou latè. Bonjou pou nou tout. Frè m' yo, se pou nou santi nou kontan anpil lè nou wè nou tonbe anba nenpòt kalite eprèv. Ja.1 :1-2

7. Apre nesans Metouchela, Enòk te mache byen ak Bondye pandan twasanzan (300 an). Li te vin gen anpil lòt pitit gason ak pitit fi. Jen. 5 :22

8. Pitit mwen yo, piga nou renmen sèlman nan bouch, nan bèl diskou ak bèl pawòl. Se pou nou renmen tout bon vre. Se pou tout moun wè jan nou renmen lè yo wè sa n'ap fè. 1Jan.3 :18

9. Nou menm, nou konnen nou soti nan lanmò, nou antre nan lavi. Nou konn sa, paske nou renmen frè nou yo. Moun ki pa renmen frè l', li mouri. 1Jan.3 :14

10. Se poutèt sa, nou dwe fè tou sa nou kapab pou nou pa rete ak konfyans nou gen nan Bondye a sèlman. Men, apa konfyans lan se pou nou gen bon kondit. Apa bon kondit la, se pou nou gen konesans.Apa konesans la, se pou nou konn kontwole tèt nou. Apa konn kontwole tèt nou an, se pou nou gen pasyans. Apa pasyans la, se pou nou sèvi Bondye. 2Pyè.1 : 5-6

11. Sa pa fasil pou moun jwenn yon bon madanm. Lè li jwenn li, li gen plis valè pase yon boul lò.. Pwo.31 : 10

12. Kanta nou menm, manman ak papa, pa aji ak timoun nou yo yon jan pou eksite yo. Men, ba yo bon levasyon, korije yo, pale ak yo dapre prensip Seyè a. Ef.6: 4

Seri 3

Temwen Jezikri e Temwen Jewova

Avangou

Eske se pou fè pedan yon moun di li Temwen Jewova? Mete nan tèt nou ke Eloyim se Bondye nan relasyon ak tèt pal e Jewova se Bondye nan relasyon li ak nou menm lòm. Pouki sa nou vle Bondye fè nou eksplikasyon ? Jodia nou pral debat kesyon sa pou w. Kenbe Bib ou nan men w, egzanminen l byen pou Satan pa pran w nan pa konprann.

Pastè Renaut Pierre-Louis

Bondye jan li parèt nan tou de (2) Testaman yo

Pou komanse

Bondye gen non ki deklare ke li sèl souvren. Li rele tèt li Jewova kant li vle antre nan relasyon ak nou. Se poutèt sa li pran non Jezikri pou fè relasyon sa mache. Jezikri se li menm ki Jewova ki gen relasyon ak nou. Se Bondye li menm ki pran fòm moun pou li pale ak nou.

I. Men non Bondye tankou souvren an

1. Yawe ou Jewova: Sa vle di : mwen menm se mwen menm. Egz.3 :14
    a. Jezikri rele tèt li Mwen menm se mwen menm tou . Jan.14 :6
    b. Se mwen menm ki chemen, verite a, vi a, limyè a, Pòt la, Bèje a. Jan. 6 : 48 ; 8 :12 ; 10 : 9, 11
2. Kòm souvren, li di bagay ke pèson pa kap janm di. Li fè bagay ke pèson pa kap janm fè.
    a. Pa egzanp : Nan Ansyen Kontra li di : Eloyim kreye syèl la ak tè a. Jen.1 : 1
    b. Nan Nouvo kontra, li di : Jezi kreye syèl ak la tè. Jan.1 : 1-2 ; Kol.1 :16
3. Nan Ansyen Kontra nou li : El Shaday se Bondye Tou Pisan an. Jen.17 :1
Nan Nouvo Kontraa, Jezikri se li menm ki Bondye Tou Pisan an. Tout kreyati ni nan syèl, ni sou la tè, ni anba la tè dwe mete chapo ba devan l. Eza.9 :5 ; Fil.2 : 9-10
4. Nan Ansyen kontra, El Elyon se Bondye Piwo a ke moun pa kap jwen. 1Ti.6 :16

Jezikri se li menm ki Elyon nan ki vin pran yon kò pou li abite pami nou. Jan.1 :14, 18

5. Nan Ansyen Kontra a, nou wè Bondye sèl ki etènèl. Se li menm sèl ki la pou toutan gen tan. 1Ti.6 :16
Nan Nouvo Kontra a nou wè Jezikri : li pa sèlman Pè Etènèl men li bay nou la vi etènèl. Se li ki gen la vi e vi sa se limyè lezòm li ye. 1Jan.5 :20

II. Bondye nan relasyon l ak nou menm lòm

1. Pou Jwif pat lonmen non Bondye an mal, olye yo rele l Jewova, yo pito rele l Adonayi, ki vle di Mèt, Senyè. Egz.20 :3 ; Jen.15 :2,8
2. Jezikri se li menm ki Jewova a. Si yon moun ap lonmen non l, se pou l pa nan inikite. 2Ti.2 :19
3. Apòt Pyè deklare ke Jezikri nou sòt krisifye a, se li menm ke Bondye prezante nou tankou Adonayi, sa vle di : Mèt e Senyè. Tra.2 : 36
4. An nou fè konparezon :
   a. A.K. Jéwova-Rafa: Bondye geri. Egz.15 :26
   N.K. Jezi se Jewova Rafa ki geri tout maladi ak tout enfimite nou. Mat.8 :17
   b. A.K. Jewova-Shalòm: Bondye bay la pè. Jg.6 :24
   N.K. Jezikri se Jewova Shalom, pwens la pè a. Eza.9 :5 ; Jan.14 :27
   c. A.K. Letènèl rele Jewova-Jiré : Bondye ki bay tout bagay. Jen.22 :13-14
   N.K. Jezikri rele : Jewova-Jiré ki bay nou tout bagay ke papa kite nan men l pou nou. Sèlman mande pou nou mande l. Jan.3 :35 ; 16 : 24 ; Fil.4 :19

d. A.K. Letènèl rele Jewova-Sidkenu : Letenèl banm Jistis mwen. Jé.23 :6
N.K. Jezikri se Jewova-Tsidkenu ki bay nou jistis kont peche ki te kondanen nou. Wo.5 :1 ; Tra.17 :31 ; 2Ko.5 :10

e. A.K. Letènèl rele Jewova-Shamma : Lètènèl isit la ak nou. Ez.48 :35
N.K. Jezikri se Jewova-Shamma. Depi de ou twa reyini nan non l, li la. Mat. 1 :21 ; 18 :20 ; 28 :20 ; Jan.11 : 28

f. A.K. Letènèl rele Jewova-Rohi : Letènèl se bèje mwen. Sòm.23 :1
N.K. Jezikri se souvren bèje nou. Ebr.13 :20 ; 1Pyè.5 :4

g. A.K. Letènèl rele Jewova-makaddishkem : Bondye fèm sen. Lé.20 :8 ; 21 :8 ; Egz.31 :13
N.K. Jezikri se Jewova-makaddishkem ki pirifye nou gras a Pawol li e gras a san li. Jan.15:3; 17:17; 1Jan.1:7

h. A.K. Letènèl rele Jewova-Sabaoth: Letènèl chef lame yo. 1S.17 :45
N.K Jezikri se Jewova-Sabaoth, Lyon nan tribi Juda a ki toujou devan pou kraze ledmi an kant li vin atake nou. No.2 :9 ; Jg.1 :1-2
Al mande Danyèl sak te pase nan fòs lyon an, li va di w. Sonje mande l pou l montre Lyon tribi Jida ki bloke tout lòt lyon yo. Da.6 :16

Pou fini

Piske nou fin fè detay sa yo, an nou antre kounyeya nan pòt mistè Bondye a ak tout onè respè devan sila ki depase nou an.

Kesyon

1. Bay nou twa non Bondye kòm souvren
   El-Shadai, Elyon, Jewova
2. Di nou senk non Bondye nan relasyon l ak nou lòm
   Jewova-Jiré, Jewova-Nisi, Jewova-Shama, Jewova-Sidkenu, Jewova-Shalòm.
3. Pouki sa Jezikri pote menm non ak Papa l. Se li menm menm ki Papa a
4. Ki diferans ki genyen ant Jezikri e Kris la ?
   Jezi se pati imen an ki pran nesans sou tè saa. Kris la se pati Bondye a ki te la depi tout tan gen tan an.
5. Pouki sa nou pa kap pran Jezikri pou yon ti dye ?
   Paske pa gen moun ki te kreye l. Li fè tout moun ak tout bagay. E li sèl kapab sove tout pechè.

Leson 1 Bondye se li ki sèl temwen tèt li

Vèsè pou prepare leson an : Jen.1 :1-27 ; Jòb.38 :5, 22-23 ; Sòm.90 :2 ; Eza.40 :12-15; 43 :10 ; Wo.1 : 18-23 ; Kol.2 :9 ; 2Ti.3 :16-17 ; Ebr.1 :13-14
Vèsè pou li nan klas la : Jòb.38 :1-7
Vèsè pou resite : Anvan menm ou te kreye mòn yo, anvan ou te fè latè ak tout sa ki ladan l', depi tout tan ak pou tout tan se Bondye ou ye. **Sòm.90 :2**
Fason pou fè leson an : Diskou, konparezon, kesyon
Bi leson an : Se pou nou bay prèv ak Bib la nan men nou ke yon moun pa kapab temwen Jewova. Ou kap sèlman temwen pou pale de zèv li.

Pou komanse
Depi le monn egziste, lezòm ap chèche konnen ki sa ki anwo sou tèt li a. Piske li vle sonde tout bagay, li kwè li kap eksplike tout bagay ak la syans. Eske li kap eksplike egzistans Bondye ak zèv li? Janmen! Gen bagay pou li oblije aksepte yo jan yo ye a. Tou dabò:

I. Bondye te kreye pou tèt pa l.
   Li Bondye nan li menm. Li la avan tout bagay e avan tout moun. Pa gen moun ki te la pou sèvi l temwen. Se li ki temwen tèt li.
   Jòb. 38 : 4 ; Eza.43 :10

II. Bondye se yon Espri.
   1. Se li ki fè tout espri yo ke nou rele zanj yo.
      Ebr. 1 :13-14
   2. Se li ki kreye tout bagay ke nou rele planèt, plant ak zannimo. Jen. 1 : 16, 20-27

3. Si nou dakò ke gen yon sèvo ki fè tout bagay, Bondye li menm se sèvo a ki pèmèt tout bagay fèt. Yon ti moun pa kap fèt avan manman l. Yon mont pat kap la avan oloje a. Yon kay pat kap la avan mason ak chapant la. Se yon lwa pou tout bagay ki fèt. **Fòk ou fèt avan w kap parèt**. Lòm pat kap fèt ni avan Bondye, ni ansanm ak Bondye. Konsa li pa kapab temwen Jewova. Li sèlman kap temwen zèv Bondye. Wo.1 : 20

III. Bondye blije revele ki moun li ye

Piske pèsonn moun pa kap temwen l, li blije revele l pou di ki moun li ye. An nou wè senk fason li fè sa:

1. **Li revele l pa mwayen zèv li**. Piske li se papa ki fè yo, se li tou ki pou bay yo batistè. Kan li di « Nou menm se temwen mwen, li vle sèlman pale de kalite li tankou yon Bondye etènèl, yon sèl sovè a ki tou pisan. Li bay prèv pou sa ke nou tout dwe dakò. Eza.40 : 12-15
2. **Li revele l pa mwayen Jezikri**. Se Jezikri ki sèvi de pon ant sa ki vizib e sa ki envisib. Jezikri se Bondye total e yon nonm total pou tabli relasyon nou ak papa Bondye. Kol. 2 :9
3. **Li revele l pa mwayen Sentespri a**.
Nou pa kap wè Lespri a ak zye nou, men li la, li aktif nan tout kreyasyon an. Tout kote w pase, li la. (Alistair MakGrath, Understanding the Trinity) Jen.1:2
4. **Li revele l pa mwayen konsyans nou**.
Konsyans nou la pou fè nou rezonen byen, pou nou kap wè ak de gren zye nou e pou nou

dakò ke nou kap wè men Bondye nan tout sa ki fèt. Ladan nou wè li tankou yon Bondye ki zero fòt, ki toupisan, ke se li sèl ki te kap Bondye. Wo.1 :20

5. **Li revele l pa mwayen Bib la ki Pawòl Bondye a.** Se li ki dènye fason Bondye pale ak nou. 2Ti.3 :16

Pou fini

Bondye kreye nou pou fè tèt li plezi. An nou bay li glwa pou tout sa li fè yo.

Kesyon

1. Ki jan Bondye manifèste tèt li?
   Li fè sa an twa pèsonn
2. Pouki sa nou di ke li kreye pou tèt li ?
   Paske li egziste pou kont pa l.
3. Pouki sa nou rele l Papa ?
   Se li ki lotè tout bagay fèt, ki bay yo batistè.
4. Pouki sa moun pa kap temwen l?
   a. Pa gen moun ki te la kant li tap fè kreyasyon an.
   b. Pa gen moun ki te la avan l
5. Ki jan Bondye fè konesans ak nou ? Li te oblije revele nou ki moun li ye.
   a. Pa mwayen zèv li yo
   b. Pa mwayen Sentespri a
   c. Pa mwayen konsyans nou
   d. Pa mwayen Jezikri
   e. Pa mwayen Bib la

Leson 2 Bondye nan fonksyon li an twa pèson

Vèsè pou prepare leson an : Jen..1 :1 ; Jòb.12 :10 ; 36 :26 ; Ps.33 : 6 ; 100 :3 ; Jer. 23 :23 ; Mat.28 :19 -20 ; Jan.1 :14 ; 2 :25 ; Ac.5 :3-4 ; Col.1 :16-17

Vèsè pou li nan klas la : Jen..1 :1 ; Ps.33 :6 ; Jan.1 :1-5

Vèsè pou resite : Ale fè disip pou mwen nan tout nasyon, batize yo nan non Papa a, Pitit la ak Sentespri a. **Mat.28 :19**

Bi leson an : Pale de Trinite dapre pouvwa li genyen pou fè tout bagay.

Pou komanse

Pwensip linite nan divès pozisyon an soti nan Bondye menm. Li menm se yon sèl Bondye a nan twa Pèsòn. Se konsa li fonksyonen ni nan linivè ni nan lòm ke li kreye. An nou fè entelijans nou travay pou nou wè sa :

I. **Bondye nan sans trinite a**
1. Li pa mande w pou w konprann li. Li mande sèlman pou w obeyi l.
2. Trinité a sa se yon mistè. Moun pa kapab di byen sa li ye. Si wap chèche konprann li, wap pèdi tèt ou. Men si ou pa dakò avè l, wap pèdi nanm ou. Mat.28 :19-20
3. Nou kap konprann sa :

A) **Rapò ant twa pèsonn nan teoloji** a

Kan ou di Bondye, sa vle di: Papaa, Pitit la ak Sentespri a. Yo gen bagay ki tou natirèl kay yo :
1. Bondye fè tout bagay: Se yon fason de pale de Papaa. Jòb.12 :10
2. Bondye wè e li konnen tout bagay. Se yon fason pou w pale de Sentespri a. Jer.23 :23

3. Bondye tou patou. Se yon fason pou w pale de Bondye ki revele l nan pitit la. Li pran yon kò pou l vin abite nan mitan nou. Konsa nou kap wè l e nou kap touche l.
Jòb. 36:26; Jan. 1:14; 2:25; Tra.5 : 3-4
Si ou retire yonn nan yo, ou defèt pwensip la. Ou pa kapab fin konnen kan se Papa kap travay, kant se Lesprisen an ou pitit la. Yo tout se yon sèl Bondye a nan twa pèsòn.

II. Nan fason li kreye syèl la ak tè a
1. Bib la di : Eloyim Bara. Bondye kreye syèl ak la tè…Jen.1 :1 ;
2. Sentespri kreye syèl ak latè. Sòm. 33 :6
3. Jezikri kreye syèl ak la tè pou byen pa l. Li te la avan tout bagay e tout bagay soti nan li. Kol.1 :16-17

   Eloyim se Bondye opliryèl. Sa pa vle di genyen yon bann Bondye ; sa vle di li Bondye, li Bondye, li Bondye, li pisan, li pisan jouk li about. Bondye sa mete lide trinite a nan tout bagay. Pa egzanp, kant nou di :
   a. Lemonn: sa vle di dlo, la tè ak espas la.
   b. Latè : sa vle di bèt yo, plant yo ak metal yo
   c. Dlo : sa vle di likid, la glas ak vapè.
   d. Lèspas: sa vle di longè, lajè ak otè.
   Si ou retire yonn nan yo, ou defèt pwensip trinite a ak wòl chak gen pou yo jwe.

Pou fini
Konnen se Letènèl ki Bondye. Se li ki fè nou. Nou se pèp li e se li ki okipe nou pou pran swen nou. An nou adore l tankou yon sèl Bondye a an twa pèson. Sòm.100 :3

Kesyon

1. Kote pwensip linite a soti ? Nan Bondye menm.
2. Ki jan Bondye fonksyonen?
   Dapre pwensip trinite a
3. Sak fè nou pa kapab konprann Trinite a ?
   Paske se yon mistè li ye. Si nap chèche konprann li, nap pèdi tèt nou. Si nou refize dakò avè l nap pèdi nanm nou.
4. Ki jan nou kap eksplike Trinite a nan Teoloji?
   Nou vle pale de yon sèl Bondye a ki parèt nan twa fason.
5. Ki jan de kalite ki natirèl kay Bondye ?
   Li konn tout bagay, li fè tout bagay, li toupatou
6. Ki jan pou nou konnen ki lès ki fè yon bagay?
   Nou pa kap konnen l paske li fòme yon sèl Bondye a ki parèt nan twa fason.
7. Ki lès nan yo ki kreye linivè? Se yon sèl Bondye a ki parèt nan twa fason an
8. Bay nou prèv ke se fason li ye nan Trinite a li fonksyonen nan monn nan.
   Kant li pale de lemonn, la tè, dlo ak èspas, men sa li vle di :
   a. Lemonn nan se dlo, la tè ak espas la.
   b. Latè: se bèt yo, plant yo ak metal yo
   c. Dlo a se likid, la glas ak vapè.
   d. Lèspas la se longè, lajè ak otè.

Leson 3 Bondye Papa jan li fonksyonen nan Trinite a

Vèsè pou prepare leson an: Jen..12 :1-3 ; 17 :4-5 ; 21 :5 ; 25 :24-26 ; 32 :27-28 ; Egz. 20:22; 23: 20-22; No.6:22-27;; 1S.8 :5-7 ; Jòb.37 :7 ; Sòm.121 : 5 ; Eza. 9 :5; 42 :1-2; Mat.12 : 31 ; 16 :18 ; Jan.3 :35 ; 14 :27 ; 16 :13 ; Tra.1 :8 ; Wo.8 :14-17 ; 2Ko.1 : 21-22 ; Ga.3 :16 ; Ef.5 :24-27 ; Rev.2 :10
Vèsè pou li nan klas la : No.6 :22-27
Vèsè pou resite : Se pou Seyè a beni nou, se pou l' pran swen nou. Se pou Seyè a fè nou santi li la avèk nou, se pou l' gen pitye pou nou. Se pou Seyè a fè nou wè jan li renmen nou, se pou l' ban nou kè poze! **No.6 :24-26**
Bi leson an : Pou fè nou li yon kopi batistè pèp Izrayèl la ke yon sèl Bondye an twa fason an te siyen.

Pou komanse
Si Bondye parèt nan twa fason diferan, se yon sèl Bondye li ye nan travay li fè. An nou wè wòl Papa a :

I. **Li pran yon nonm payen li konvèti l pou l fomen yon pèp a pa pou li.**
   1. Payen sa te rele Abram. Li pran l nan peyi Babilòn, li mennen l nan peyi Kanaran, peyi li te pwomèt Izrayèl la. Jen.12 :1-3
   2. Li chanje non l, li rele l Abraram ki papa Izarak. Jen.17 : 4-5 ; 21 :5
   3. Izarak fè Ezaou ak Jakòb. Jen.25 : 24-26
   4. Bondye pran Jakòb li bay li douz gason. Li chanje non Jakòb, li rele l Izrayèl. Douz pitit sa yo vin fòmen douz tribi Izrayèl ki vin pèp Izrayèl. Jen.32: 27-28; 35: 22-26

I. **Men ki jan li bay li batistè.**
Se Bondye nan twa fason ki siyen batistè 1. Men ki jan li fè sa. No.6 : 22-27
1. Ke **Letènèl** gade w, ke l beni w! Zafè gade ti moun nan e beni l se wòl Papa a.
No. 6 :24 ; Sòm121 : 5
2. Ke **Letènèl** mete lèspri li sou w ! Sa se wòl Bondye Sentespri a. No.6 :25 ; Tra.1 :8
3. Ke **Letènèl** vire gade w pou l bay ou la pè. Sa se wòl Jezikri, Bondye ki vin bay nou la pè a. No.6 : 26 ; Eza.9 :5 ; Jan.14 :27
Si nou byen gade, se menm Letènèl nan twa fason kap **gade nou**, kap **klere nou** kap bay **nou lapè a**. Li pran diferan non dapre wòl lap jwi a
Li di se konsa nou va mete so sou batistè a IZRAYÈL, pitit mwen yo. No.6 : 27
a. Tout moun gen so Bondye sou men yo. Jòb.37 :7
b. Men tout moun konvèti gen so Bondye sou vi yo paske li adòpte yo tankou frè Jezikri. Wo.8 :14-17; 2Ko.1 :21-22

III. **Ki te wòl pèp Izrayèl**
1. Li te la pou l pou l fè lòt pèp yo konnenn Bondye. Malerezman li chite. Egz. 20 :22 ; 1Sam. 8 : 5-7 ; Eza.49 :6
2. Bondye mete l de kote pou yon moman. Eza 42 : 1-4 ; Jan.3 :16 ; Wo.11 :25

IV. **Ki wòl Legliz ?**
1. Li vin pran plas Izrayèl pou li ale sove le monn pedi mennen yo bay Jezikri. Mat.16 :18
6. Li dwe rete fidèl jouk Jezi retounen. Rev.2 : 10
Ki remak nou fè :

a. Se legliz ki va madanm Jezikri ki va abite avèl nan Jerizalèm anwo a. Ef.5 :24-27
b. Legliz va bay prèv ke Abraram se yon sous benediksyon pou tout moun, jwif tankou payen. Jen.12 : 2-3 ; Ga.3 :16

Pou fini

Nou wè sa Bondye fè nan dèsten lòm ! An nou beni non Bondye pou mizerikòk ak amou l pou nou.

Kesyon

1. Angwo, ki sa nou jwen nan Ansyen Kontraa?
   Se te relasyon Bondye ak pèp Izrayèl.
2. Ki kote Izrayèl soti?
   Nan Abraham, Izarak ak Jakòb
3. Pouki sa nou pale de douz tribi Izrayèl yo?
   Paske Bondye te chanje non Jakòb an Izrayèl.
4. Ki moun ki te siyen batistè pitit Izrayèl yo?
   Bondye li menm nan twa fason li te prezante l.
5. Ki kote Bondye mete so li sou chak moun ?
   Sou plat men chak moun .
5. Ki kote Bondye mete so li sou kretyen yo? Sou tout kò nou.
6. Pouki sa Bondye fè Legliz ?
   a. Pou ranplase Izrayèl ki dezobeyi l, li pat fè misyon Bondye te bay fè.
   b. Pou chèche nanm pou Jezikri
   c. Pour li vin madanm Jezikri
   d. Pou montre ke Abraham se yon sous benediksyon pou tout pèp, ke w jwif, ke w payen.

Leson 4   Fason Jezi fonksyonen nan Trinite a

Vèsè pou prepare leson an : Jg.13 :18 ; Ps.34 :8 ; Eza.9 :5 ; Hé.1 :1 ; Mat. 2 :11 ; 3 :17 ; 6 :33 ; 28 :18 ; Lik.5 :20 ; 19 :10 ; Jan.1 : 1-4 ; 35-36 ; 3 : 35 ; 7 :46 ; 11 :25 ; 14 : 3-11, 27 ; 15 :22 ; Wo.8 :1 ; 13 :14 ; 2Ko.5 :10 ; 1Tes.4 :16 ; Ebré.1 :6-13 ; 1Jan. 2 :1 ; 3 :8 ; Rev. 6 :15-17

Vèsè pou li nan klas la : Mat. 28 :16-20

Vèsè pou resite : Jezi pwoche bò kote yo, li di yo konsa: Mwen resevwa tout pouvwa nan syèl la ak sou tè a. **Mat. 28 : 18**

Bi leson an : Montre otorite Jezikri-Christ ki nan menm degre ak otorite Papa a ak Sentespri a .

Pou komanse

Nan tan lontan, Bondye te pran jij yo, pwofèt yo, sakrifikatè yo pou pale a pèp li. Kounyeya li voye Jezikri pou pale ak nou. Ki sa Bib la vle di nou la? Ebr.1 :1

I. **Ki jan Bondye fè yon diskou pou plase l pami nou.**
   1. Kan Jezikri tap batize nan Flèv Jouden an, zotobre nan Syèl te blije deplase. Sentespri a te desans sou fòm yon pijon. Papa pran mikro li nan syèl, li fè yon diskou pou tout moun kap tande l. Li di yo : « Silaa se de grenn zye tèt mwen ». Mat.3 :17
   2. Se pou rezon sa li renmèt tout byen l ak tout bagay nan men Jezi. Jan.3 :35

« Tout bagay vle di : padon, la vi, la pè, Sali nou, pwoteksyon, jwa, gerizon nou, byen materyèl, viktwa nou sou dyab, la, le monn, la chè… tout sa, si nou bezwen yo, se nan men Jezikri pou n al chèche yo. » Mat.6 :33 ; Jan.1 : 4 ; 3 :16 ; 14 :27 ; Lik.5 :20 ; Wo.8 :1

II. **Ki pwogram Jezikri genyen nan gouvèman li.**
1. Li vin sove le monn. Jan.3 :16
2. Li vin detwi zèv diab la. 1Jan. 3 : 8
3. Li vin rekonsilye nou ak Papa pou li kap mennen nou nan paradi Bondye a. Jan.14 :3, 6

III. **Ki fason li aji**
1. Li fè yon twòk ak nou. Li chita nan yon kò tankou pa nou an, menm lè saa, Li abiye nou ak rad Bondye a pou li mennen nou bay Papa Bondye nan syèl la.
Lik.15 :22 ; Jan.1 :14 ; Wo.13 :14
2. Li gen menm non ak Papa a kan lap fonksyonen nan Nouvo Kontraa.
Yo rele l Admirab, Konseye, Bondye Pisan, Papa Etènèl la, Pwens ki bay la Pè a. Jig. 13 :18 ; Eza.9 :5 ; Jan.1 : 1 ; 7 :46 ; 14 :8-11
   a. Nan Ansyen Kontra, Jezi te rele Zanj Letènèl pou defann nou. Sòm.34: 8
   b. Sou bwa lakwaa, li rele « ti mouton Bondye ki efase peche nou. Jan.1 :35-36
   c. Se li tou ki avoka nou devan Papa a. 1Jan.2 :1
   d. Kant kontra latè a fini, li va chita nan tribinal tankou Jij pou kondanen tout pechè rebèl yo. 2Ko.5 :10 ; Rev.6 :15-17

III. **Kote otorite l soti.**
  Li soti nan pisans li kòm Bondye.
  1. Nan Nouvo Kontraa, nou pa tande ankò pawòl sa ki di : « Men sa Letènèl di ». Pouki sa? Se paske menm Jezikri a se li menm ki Letènèl la ki gen tout pouvwa nan men li. . Eza.9 :5 ; Jan.3 :35 ; Mat.28 :18
  2. Kan Jezikri pral tounen nan syèl la, li delege menm pouvwa bay Sentespri a. Jan.16 :13 *Se pa zafè yon ti Bondye ki bay pouvwa a yon enfliyans.* Se Bondye menm ki fè li moun tankou nou pou li chèche retrouve vi pa l nan nou. Lik.19 :10 Kant Levanjil dapre Lik di ke li te vin chèche **sa** ki te pèdi a. Ki **sa** ki te pèdi a ? Se te Bondye li menm ki vinn restore nan lòm imaj li ki te sal ak peche nou.
  3. Se Bondye sèl moun kap adore. Jezikri se Bondye. Maj yo adore l. Mat.2:11; Anj yo adore l. Ebr.1:6
  4. Bondye deklare an piblik ke li se Bondye, Wa, Kreyatè. Ebr.1 : 8
  5. Bondye pwoklamen l kòm souvren sou tout moun e sou tout bagay Ebr.1 : 10,13
  6. Yon akanj gen pou anonse l lè lap vini. Jezi sèl gen dwa sonnen twonpèt pou resisite mò yo paske se li sèl ki resisiste moun pou bay yo la vi. Jan.11 : 25 ; 1Tès.4 :16

Pou fini

Pou w menm ki pran Jezikri pou yon ti Bondye, ki di ke li pa menm jan ak Sentespri a ak Bondye papa, mwen regrèt sa pou w. Sa w di la déjà kont pou fè ti mouton an fache kont ou nan dènye jou a. Pito w repanti paske Pòt la gras la louvri toujou. Degaje w vini tout swit! Eza.9 :5 ; Jan.14 : 8-10; Tra. 5 : 3 , 5

Kesyon

1. Di ki lè, ki jan e ki kote Bondye fè le monn fè konesans ak Jezikri ?
   a. Nan batèm li nan flèv Jouden an
   b. Kan Sentespri te desann sou tèt li tankou yon ti pijon.
   c. Kan Bondye te deklare byen fò : « Sila se de grenn zye tèt mwen ».
2. Sa sa vle di ke li renmèt li tout bagay ? »
   Padon, jwa, vi, la pè, Sali, pwoteksyon, gerizon, viktwa sou monn nan, sou Dyab la ak la chè tout se nan men l yo ye.
3. Ki te pwogram Jezikri ?
   a. Sove le monn
   b. Detwi zèv dyab la
   c. Mennen nou nan paradi
4. Ki jan li fè sa ?
   Li chanje rad ak nou. Li pran yon kò tankou pa nou pou pote peche nou, li bay nou kò espirityèl li a pou nou sanble ak li pou li mennen nou bay Papa l
5. Bay nou senk non Jezikri :
   Bondye Pisan, Pè etènèl, Pwens la Pè a, mouton Bondye, Avoka
6. Ki moun ki va jwe twonpèt la kant Jezikri pral retounen ? Jezikri li menm
7. Pouki? Se li menm sèl ki gen pouvwa pou resisiste moun, pou bay yo la vi

Leson 5 Sentespri ak pouvwa li nan Trinite a

Vèsè pou prepare leson an: Egz.23 : 20-22 ; 1S.9 :9 ; Mat.12 :31 ; Jan. 4 :24 ; 16 :13 ; Ac.2 :17-18 ; 5 :3-4 ; Ro.8 :9 ; 1Co.6 :19-20
Vèsè pou li nan klas la : Jan.16 :7-15
Vèsè pou resite : Men, li menm Lespri k'ap moutre verite a, lè la vini, la mennen nou nan tout verite a. **Jan.16 : 13a**
Bi leson an : Montre wòl Sentespri a akote Bondye Papa nou ak Jezikri nan plan pou sove nou.

Pou komanse
Eske Sentespri a se yon enfliyans ou byen Bondye kap egzèse enfliyans li ?

I. **Kite nou bay ou yon rezime de Trinité** a.
Nou pa bezwen repete w ke nan Ansyen Kontraa, nou te plis wè aksyon Bondye Papa a. Nan Nouvo Kontraa nou wè pito aksyon Bondye Pitit la. Men nan Istwa legliz nou wè aksyon Sentespri a ki la pou fè nou konnen tout verite a. Jan.16 :13

II. **Ki sa Sentespri a ye?**
Li se Bondye. Menm rèspè nou gen pou Bondye Papa a se li menm nou dwe genyen pou Bondye Pitit la ak Bondye Sentespri a. Egz.23 : 20-22; Mat.12 : 31-32
Jezikri di ke Bondye se Sentespri. Li pat di yon enfliyans. Li resevwa adorasyon an espri e en verite. Jan.4 :24

III. Wôl Sentespri a

1. Nan Ansyen Kontra a : Li travay nan Jij yo, sakrifikatè yo ak pwofèt yo. 1S.9 :9
2. Nan Nouvo Kontra a : Li travay nan sèvitè yo ak sèvant Bondye yo. Tra.2 :17-18
3. Li fonksyonen tankou yon moun. Moun pa kapab bay manti a yon enfliyans men a yon moun. Tra.5 : 3-4
4. Li la pou fè nou konnen peche nou, jistis Bondye pou moun kap konnen pozisyon Bondye devan peche yo ak jijman Bondye kap tann pechè ki pa repanti a. Jan.16: 8-11
5. Li la pou tradi priyè nou devan Bondye, pou li mete yo nan fason syèl kap aprouve yo. Li a dispozisyon sèt bilyon moun ki sou planèt la pou l fè djòb sa. Sòm. 33 : 13 ; Wo.8 :26
6. Li rann relasyon nou ak Bondye ofisyèl paske li mete so Sentespri sou nou. Se so sa ki sou nou ki fè Satan le Dyab pa kapab gen okenn dwa sou nou. Li menn fè bitasyon l nan la vi nou. 1Ko.6 :19-20

    a. Si yon moun pa gen Sentespri nan la vi l, Jezikri pa konnen l. Wo.8 :9
    b. Nou dwe bat pou nou pa fè Sentespri a fache, paske li kap reyaji. Se pa menm bagay pou elektrisite paske li pa yon moun. Mat.12 :31
    E ki jan pou nou rive jwen papa, si nou pa kite Sentespri a kondi nou nan pye verite a? Jan.16 :13

Swa di antre nou : Antanke Bondye, Sentespri a aji dapre wòl li. Yon doktè kap kondi oto li toujou gen menn non an tankou chofè, tankou doktè a e se menm non an li genyen tankou mari madanm li. Se menm moun nan nan twa wòl diferan. E ki sa ki anpeche Bondye rele kreyate, sovè ou konseye epi li toujou Bondye? Si lòm Bondye fè kapab konsa, pouki sa Bondye li menm pa kap konsa tou? Sispann fè awogans nou, sa va koute nou two chè !

Pou fini
Bondye pa chanje. Se li menm ki te la ayè, ki la jodia e ki la pou tout tan gen tan. Se li ki sove nanm nou. Kwè nan li kelke swa fason li deside pou l pale ak nou.

Kesyon
1. Ki jan Sentespri a fonksyonen nan Ansyen Kontraa? Li sèvi ak jij yo, sakrifikatè yo ak pwofèt yo pou l pale.
2. Ki jan li fonksyonen nan Nouvo Kontraa ?
Li sèvi ak sèvitè l yo ak sèvant li yo pou l pale.
3. Bay prèv ke Sentespri se yon pèsòn li ye
    a. Nou dwe bay li menm respè nou bay a Papa ak Pitit la.
    b. Li mete so l sou nou. Li konn pale; Ou pa kap bay manti, ou kap fè l tris.
4. Ki pi gwo djòb li genyen bò kote nou ?
    a. Li la pou fè nou konnen peche nou, jistis Bondye ak jijman Bondye.
    b. Li tradi priyè nou devan Bondye.
    c. Li mete so Sentespri sou nou ki pitit Bondye.
    d. Li menn fè bitasyon l nan nou.

Leson 6   Trinite a nan plan pou sove nou

Vèsè pou prepare leson an : Jen..1 :28 ; 3 :9-11, 22-24; Mat.3 :16-17 ; 27 : 45-50 ; 28 :19-20 ; Jan.1 :29 ; 3 :16 ; 14 :6 ; Wo.5 : 1 ; Rev.22 :4
Vèsè pou li nan klas la : Jan.1 :29-36
Vèsè pou resite : Nan denmen, Jan wè Jezi ki t'ap vin jwenn li, li di: Men ti mouton Bondye a k'ap wete peche moun sou tout latè. **Jan.**1 :29
Fason pou fè leson an : Diskou, konparezon, kesyon
Bi leson an : Montre ki jan Trinite a aji nan Sali tout moun.

Pou komanse

Mwen pa konn si w janm mete nan tèt ou ki jan Trinite a fonksyonen pou Sali nou. Lè li di : « an nou fè lòm » sa vle di ke Bondye ap pale ak pwòp tèt li pou li fè lòm tankou li menm.

I. Li fè moun

1. Li fè lòm sanble ak li. Sa vle di yon trinite tou. Konsa li gen twa pati : Se Kò, Nanm ak Espri
2. Li vle ke ni Adan, ni pitit Adan sanble ak li tou. Sa vle di pou yo mistè tankou li menm. Men li vle li obeyi l, pou l jere latè dapre lòd li.
3. Lòm te dwe :
   a. Bay do a pye bwa Konesan byen ak mal
   b. Gade a Kris ki pye bwa la vi a
   c. Tann Kris bay li mwayen pou ale jwen Papa a, paske pèsòn pa gen dwa al jwen Papa san w pa pase pa li. Jan.14 : 6 ; Rev. 22 : 14.

d. Tout vi nou te vlope ak Glwa Bondye. Se sa menm ki vle di ke l pat toutouni. Nan kondisyon saa, li te kap dominen tout bagay. Jen. 1 :28

II. Ki jan li te chite
Nou pap janm fin pale de chit sa.
1. Chit li te soti nan dezobeyisans li. Fwi a pat gen okenn mal ladan. Men kant yon moun vle mete Bondye akote pou w fè desizyon pa w, yo rele l peche.
2. Desizyon pinisyon l soti nan twa pèsòn Trinite
   a. Li di: « Men li : « **lòm vin tankou nou** » Papa, Pitit ak Sentespri ». **An nou anpeche l**… Se ankò yon desizyon tèt ansanm.
   Jen. 3 :22
3. Chit la te parèt nèt kan lòm ap chèche eskiz. Lòm blamen madanm li; madanm nan menm blamen Sèpan an. Si nou vle byen gade, se Bondye menm yo te vle blanmen ki pat dwe mete pye bwa sa la nan mitan Jaden an anba zye yo. Bondye mete yo deyò paske yo pat vle konprann jan sa yo te fè a te grav. Jen.3: 24

III. Ki jan Bondye restore yo
Se Trinite a ki fè djòb la. Si lòm konn dedouble, pouki Bondye pat kap fè menm bagay la tou?
1. Twa pèsòn yo te separe nan batèm Jezikri. Mat.3 :16-17
2. Yo twa te separe nan Gran Komisyon pou sove le monn. Mat.28 :19

3. Sou kalvè a, Papa a ak Sentespri a kite Jezikri pou kont li tankou mouton Bondye a ki te dwe sakrifye pou sove nou.
Jan.1 :29 ; Mat.27 :45-46
4. **Jezi** asepte lanmò a pou sove nou. **Kris** la resisiste l pou siyen liberasyon nou.
Jan.3 :16; Wo.5 :1

Pou fini
An nou livre nou nan men Bondye sa ki pa gen parèy

Kesyon

1. Di nou twa pawòl ki montre lide Trinite a
   a. An nou fè lòm »,
   b. « Men li : lòm vin tankou nou
   c. An nou anpeche l » …

2. Pouki sa nou di ke lòm se yon trinite tou ?
   Paske li genyen twa pati : Kò, nanm ak espri

3. Pouki sa nou di ke lòm se yon mistè?
   Paske li menm se pitit Bondye ki mistè.

4. Ki jan lòm te ye avan peche?
   Li te kouvri ak glwa Bondye

5. Ki sa toutouni an vle di ?
   Glwa Bondye soti sou li

6. Bay bon repons la.
   Peche te __ nan fwi a ___ nan sèks li __ Nan dezobeyisans li a lòd Bondye.

7. Bay bon repons la :
   Bondye bandonen Jezikri sou kwaa
   a. Paske li te pè Pilat
   b. Paske Jezikri te nye l.
   c. Paske Jezikri se te mouton Bondye ki te dwe sakrifye pou peche lemonn antye.

Leson 7 Trinite a nan plan pou Sove nou (rès la)

Vèsè pou prepare leson an : Lik.23 :43-46 ; Jan.3 :16 ; 6 :51 ; 20 :22 ; Tra.2 :38 ; Wo.3 : 4, 23 ; 8 :14 ; Kol.1 :15 ; Rev.7 :9-10
Vèsè pou li nan klas la : Rev.7 : 9-17
Vèsè pou resite : Apre sa, mwen gade ankò, mwen wè yon gwo foul moun. Pesonn pa t kapab konte kantite ki te gen ladan li. Se te moun tout lòt nasyon, tout kalite ras, pèp tout peyi ak tout lang. Ap.7 :9a
Fason pou fè leson an : Diskisyon, konparezon, kesyon
Bi leson an : Prouve ke, Sali Bondye ofri a, pa sèlman pou 144,000 moun, men pou lemonn antye.

Pou komanse
Bondye jwe le tou pou le tou. Li vle tout moun sove kant yo jwen Jezikri ki verite a. Men ki sa li fè pou sa. 1Ti.2 :4

I. **Se Trinité a ki fè djòb la**
  1. Bondye prévwa yon plan nèt ale pou sove tout moun. Jan.3 :16
  2. Poutèt sa, li fè yon pon ant syèl la ak tè a, ant sa nou wè ak sa nou pa kapab wè. Pon saa se Kris, Mesi a. Se pati envizib sa ke li mete nan nou kant nou konvèti. 1Ko.15 : 49
  3. Bondye pat kapab voye yon anj pou sove nou. Se li menm ki te dwe vini pou reprann pwòp tèt li nan nou.
  4. 144,000 moun sa yo nou jwen nan Revelasyon an, se yon senbòl de rès Izrayèl la kap sove. Apa de sa, nou jwen tout kalite moun nan lemonn antye ki konvèti. Rev.7 : 9-10

5. Miltiplikasyon pen an se yon senbòl de Bondye ki vle pataje vi li ak chak moun an patikilye. Jan.6 :51
   a. **Bondye Papa** a pran desizyon an : « Li bay sèl pitit li genyen an». Jan.3 :16
   b. **Bondye Pitit** la egzekite desizyon an : Pòl rele l dènye Adan an, imaj Bondye envizib la ki vin rachte lòm pèdi a. Kol.1 :15
   c. **Bondye Sentespri** a restore glwa Bondye nan la vi nou. Se glwa sa ke Adan ak lemonn antye te pèdi apre chit li a. Wo.3 :23
   d. Kounyeya nou vin pitit Bondye adòpte. Se gras li kant li mete la vi l nan nou. Wo. 8 : 14

II. **Sali sa, li pou kounyeya, pou demen e pou tout tan gentan.**
Jezikri di gwo volè a ki te konvèti sou kwaa : **jodia menm wap avè m nan paradi** a. Ki donk, si li pa nan paradi a menm jou a, nou vle di Jezikri bay manti ou byen yo toulede pa ale nan paradi a. Menm si kadav la te boule, kraze ou byen nwaye nan lanmè, sa pa fè anyen paske lèspri a monte al jwen Bondye. Lik.23 :43, 46

Pou fini

An nou pran Bondye omo. Li toujou kanpe dèyè sa li di. Pito tout moun rekonèt Bondye pou la verite e tout lòt moun pou mantè. Wo. 3 :4

Kesyon

1. Pouki sa Bondye antre nan yon kò pou l vin pami nou?
   Pou tabli relasyon ant lòm visib ak Bondye ki envizib. Jezikri se moun e Bondye tou.
2. Bay opinyon ou nan sa Temwen Jewova yo di.
   144,00 moun ap sove.
   a. Jezikri fè provizyon pou sove lemonn antye.
   b. Tout moun, nan tout pèp, ki pale tout lang gen chans pou resevwa Sali sa.
3. Ki sa miltiplikasyon pen an vle di?
   Bondye vle pataje vi li ak chak moun an patikilye.
4. Ki kote gwo volè konvèti ki te sou kwaa ye? Nan paradi Bondye a
5. Ki jan nou fè konn sa? Jezikri menm ki te pwomèt li sa.

Leson 8 Bondye Pitit la nan zafè Trinite a

Vèsè pou prepare leson an : Eza.9 :5 ; Mat.1 :21 ; Jan. 1 :14 ; 5 :23 ; 6 :54 ; 8 :58 ; 11 :25-26 ; 14 :7-30 ; 2Ko.5 :19 ; Kol.1 : 15-17 ; 1Jan.5 :20 ;
Vèsè pou li nan klas la : Kol.1 :15-17 ; 1Jan.5 :20
Vèsè pou medite : Nou konnen Pitit Bondye a te vini, li louvri lespri nou pou nou ka konnen Bondye tout bon an. N'ap viv ansanm ak Bondye tout bon an, gremesi Pitit li, Jezikri. Se li menm ki Bondye tout bon an, se li menm ki lavi ki p'ap janm fini an. **1Jan.5 :20**
Fason pou fè leson an : Diskou, konparezon, kesyon
Bi leson an: Prezante Jezikri tankou Bondye tout bon an pami nou.

Pou komanse
Eske yon moun kap di Jezikri pi piti pami pèsòn ki fòmen Trinite a? Se yonn nan erè ou pa dwe komèt. Pa gen moun ki kapab fin di sa Bondye ye.

I. **Ki sa linite a ye nan Bondye?**
  1. Linite sa tèlman fò ke si yon moun pa gen respè pou pitit li, se konsa li pa gen respè pou papa ak Sentespri a. Jan.5 :23
     a. Kant Jezikri di : Papa pi gran pase m, li te vle pale de grad yon papa sou yon pitit, men Lespri pa gen zafè laj. Jan.14 :28
     b. Yo rele Jezikri Pè Etènèl tou. Li nan Papa a e Papa a nan li. Eza.9:5; Jan.14: 7-11, 30

   c. Gras a pozisyon l, otorite l e kalite l kòm Bondye, li menm jan ak Papaa. Bondye te chita nan Kris la pou rekonsilye monn nan ak li menm. 2Ko.5 :19

2. Papa se Bondye tout bon an. Jezikri se Bondye tout bon an ki bay la vi pou tout tan an.

Si 5+ 5 = 10, si 4 + 6 = 10, Nou kap di tou ke 5+ 5 = 4+ 6 paske toulede ekwasyon yo egal 10. JEZIKRI BONDYE TOUT BON VRE !
1Jan.5 :20

3. Li menm se premye ki te nan kreyasyon an
   a. Ni Kris, ni Papa a pat gen moun ki te kreye yo.
   b. ***Premye ki fèt*** la soti nan grèk ***prôtôtokos***, ki vle di li gen privilèj sou tout moun ak sou tout bagay. **Li la** depi tout tan avan tout bagay. Kol.1 :17
   c. Sonje byen ke kan yo di yon pawòl a endikatif prezan nan premye pesòn li gen rapò ak Bondye. Pa egzanp Jezikri di : Avan Abraram ***te*** la, **mwen la**. Li pa di **Mwen** ***te*** la men **Mwen la**. Jan.8 :58
   d. Jezikri se Bondye ki vin kote nou nan yon kò tankou pa nou. Se Bondye ki te vle revele l a nou konsa. Li rele Emanyèl, ki vle di : Bondye ak nou. Mat. 1 :21 ; Jan.1 :14
   e. Se li ki kreyatè, li mèt tout bagay ni sa nou wè, ni sa nou pa wè. Konsa li pa tap ka Akanj Michèl tankou Temwen Jewova kwè piske se Jezikri ki kreye anj yo ak Akanj yo. Kol.1 :16

4. Se li ki **premye fèt pami mò yo**.
Sa pa vle di ke Jezikri se premye moun ki resisite pami mò yo. Sa vle di ke li premye moun ki resisite ki pap janm mouri ankò, ke li te resisite ak

yon kò gloriye. Rezireksyon li se yon garanti ke tout fidèl kwayan yo pral resisite menm jan tou. Mò ki te soti nan tonbo yo a te blije tann Jezi resisite avan yo te gen dwa rantre nan vil la.
Mat. 27 : 52-53 ; Jan. 6 :54 ; 11 : 25-26
Ke tout moun kap rekonèt Jezikri tankou chanpyon la vi ki vinn chanpyon sou lanmò !

Pou fini
An nou adore e sèvi Jezikri Senyè nou an, Sovè nou an e Bondye nou an.

Kesyon

1. Ki sa Jezikri vle di nan pawòl sa: « Papa a pi gran pase m ». Li fè referans a pwensip otorite a e non a zafè laj.
2. Pouki sa ? Paske Lespri pa gen zafè laj.
3. Pouki sa pwofèt la di Jezikri se Pè Etènèl?
   Li nan Papa a e Papaa nan li.
4. Ki sa sa vle di Premye ki fèt nan kreyasyon an?
   Pòl chwazi mo grèk la ki pale de Jezikri tankou souvren men janmen de orijin li, de ki kote l soti.
5. Ki sa sa vle di Premye ki fèt pami mò yo ?
   a. Sa vle di ke se li ki premye soti nan lanmò ki pap janm mouri apre sa.
   b. Se li tou ki premye ki resisite ak yon kò gloriye.
   c. Se li menm sèl tou ki pote lespwa pou moun ki mouri nan Kris, yo va gen yon rezireksyon gloriye tou.
6. Ki pi bèl tit nou ta kap bay Jezikri?
   Chanpyon la vi ak chanpyon sou lanmò.

Leson 9 Trinite a nan vi sosyal ak politik lòm

Vèsè pou prepare leson an: Jen..2 :18 ; 5 : 6-7 ; No. 1 :52 ; 2 : 3,10,18,25 ; 23 :3,10, 18, 25 ; Joz.24 :15 ; Sòm.46 : 2 ;.110 :3 ; Eza.13 :3 ; Mat.17 : 25-27 ; Lik.20 :25 ; Jan.3 :16,36 ; Wo.3 :6 ; 13 :1-7 ; 2Ko.5 :10 ; Ebre.12 :29 ; 1Pyè.1 :18-19 ; 1Jan.2 :1
Vèsè pou li nan klas la : Wo.13 : 1-7
Vèsè pou resite : Se poutèt sa, moun k'ap kenbe tèt ak otorite yo, yo refize obeyi lòd Bondye tabli. Moun ki refize obeyi lòd la, y'ap rale yon jijman sou tèt pa yo. **Ro.13 :2**
Fason pou fè leson an : diskou, konparezon, kesyon
Bi leson an : Montre ke fason Bondye gouvènen an se yon modèl pou lòm gouvènen tou nan vi politik li e nan vi sosyal li.

Pou komanse

Nan menm fason Trinite a te fonde, se konsa tou Bondye fè fanmiy ak twa pèsòn : papa, manman ak pitit. Pouki li fè sa?

I. **Se pou l peple la tè**
   1. Pou lòm kap viv nan sosyete. Sansa, lap vin sovaj e sa diminye valè l. Fò kan menm ou fè pati de yon fanmiy, yon sosyete, yon pèp, yon nasyon.
      a. Bondye se Bondye patri a. Li rele Letènèl Lame yo, Bondye nasyon yo. Chak tribi Izrayèl te gen drapo yo. Pa janm gen yon moun ki adore drapo. Kant ou salye drapo a, se yon fason pou onore memwa ak kouraj moun ki te mouri pou patri a, moun ki te martirize yo pou bay nou libète. No.1 :52

b. Ou bay san w pou sove patri w. Ou bay san w pou sove yon moun.

c. Jezikri bay san l pou sove nou. Koman ou kap fè di w Temwen Jewova si w pa respèkte drapo, si ou pa vle bay san w pou sove yon moun ?

d. Koman ou ka di w Temwen Jewova si w refize fè sèvis militè, si ou refize vote tankou sitwayen peyi w? Fil.4 :22

II. **Pou jere konpòtman lòm**

1. Bondye aji dapre twa pouvwa. Li fè lwa ke li bay a pèp li e li jije fòt lòm. Amou li ki sove nou mache ansanm ak jistis li pou pini rebèl yo. Jan.3: 16, 36

    a. Nan amou l, li bay nou tout bagay. Nan jistis li, li pini tout vye bagay. Yo rele l Letènèl Lame yo. Li gen solda li nan syèl la. Sòm.110 :3 ; Eza. 13 :3

    b. Jezikri ki avoka nou kounyeya, li va jij nan tribinal nan dènye jou a.
    1Jan.2 :1 ; 2Ko.5 :10

2. Menm jan tou, lòm fomen gouvèman ak twa pouvwa : Egzéktif, Jistis ak Lejislatif.

    a. Egzektif la se li ki chèf gouvèman an pou dirije peyi a.

    b. Pouvwa la Jistis la, li la pou li aplike Lwa yo, pou mete lòd nan peyi a e pini koupab yo.

    c. Pouvwa lejislatif la li la pou l fè lwa yo pote yo bay Egzekitif la pou li bay dènye desizyon l.

    d. Gouvèman la tou pou prevwa tout sèvis sosyal, pou pèp la kap peye taks yo tou. Li fè lopital, lekòl, wout, li bay kouran ak asistans pou malere yo ki pap travay. Jezikri mande nou pou respekte lwa yo, pou nou vote, peye enpo e pou nou respekte dwa moun. Mat.17 :25-27 ; Lik.20 :25 ; Wo.13 :1-7

Pou fini

Si w derespèkte lwa isiba, ou menm se sitwayen nan yon lòt planèt, kote menm Jezikri pap ale chèche w. Antanke Temwen Jezikri, nou dwe obeyi a pwensip trinite nan gouvèman yo.

Kesyon

1. Pouki sa nou di ke yon fanmiy se yon trinite ?
   Li fèt ak twa pati : papa, manman, pitit
2. Ki jan Bondye rele tèt li? Letènèl lame yo
3. Eske ou adore zidòl kant ou salye drapo w ?
   Non. Se yon onè ou rann a fondatè patri yo
4. Di si se vre ou si se manti
   a. Si mwen bay yon moun san, li va eritye defo m ak kalite m __ V __ F
   b. Si m mouri pou patri m, m prale nan lanfè _ V_ F
   c. Bondye gen solda pa l nan syèl la. __ V __ F
   d. Bondye bay modèl pouvwa egzékitif, lejislatif ak Jistis sou tè saa. __ V __ F
   e. Yon sitwaywen kretyen dwe vote. __ V __ F
   f. Yon kretyen pa gen dwa fè politik. __ V __ F
   g. Yon kretyen pa gen dwa prezidan. __ V __ F

Leson 10 Trinite a nan desten planèt la

Vèsè pou prepare leson an : Mat. 24 :36-41 ; Jan.10 :28 ; 14 :6 ; 1Ko.15 : 45-55 ; 2Ko.5 : 2, 10 ; 2Pyè.3 :7 ; Fil.3 :20 ; Kol.3 :3 ; Rev.2 : 7, 11, 17, 29 ; 7 :9-10
Vèsè pou li nan klas la : Rev.7 : 4-17
Vèsè pou resite : Se sa ki ekri nan Liv la: Nenpòt moun ki rele non Mèt la gen pou jwenn delivrans. Wo.10 :13
Fason pou fè leson an: Diskou, konparezon, kesyon
Bi leson an : Ranseye nou sou sa ki va rive planèt saa e ki bonè kap tann kretyen yo.

Pou komanse
Ki jan pou tabli relasyon ak yon Bondye envisib san pou l pa ta genyen yon reprezantan visib ? Chans pou nou, Pawòl la ki envizib, li vin pran yon kò pou li abite pami nou. Ki sa li vle aprann nou ?

I. **Li vle aprann nou ke paradi nou te pèdi nan Adan an,** nou kap rejwen li nan Jezikri, ki dènye Adan an. 1Ko.15 :45-48
   1. Li bay nou la vi pou tout tan gen tan. Jan10 :28
   2. Li gen viktwa sou lanmò pou li mennen nou bay Papa a. Jan.14 :6 ; 1Ko.15 :55

II. **Li vle apran nou ke Bondye regle zafè Sali nou**
   1. Se Papa a kap fè la dènye. Mat.24 :36 ;
   2. Se Sentespri a ki reskonsab pou avèti nou. Rev.2 : 7, 11, 17, 29
   3. Se Pitit la ki pral jije nasyon yo. 2Ko.5 :10
   4. Tè sa rezève pou dife. 2Pyè.3 :7
   5. Nou gen pou na l viv ak Kris nan syèl la.

a. Se nan syèl li soti. Jan.3 :13. Li fè nou sitwayen pou syèl la. Se la li fè bitasyon pou l mete nou. Se la nou va ye ak li nan tout glwa li dapre pwomès li te fè nou. Jn.14 :3 ; Fil.3 :20 ; Kol.3 : 3
b. Nou va gen yon inifòm ke Jezikri menm te pare pou nou. 2Ko.5 :2
c. Se pa sèlman 144,000 moun ki va nan la glwa ak li, men moun nan tout tribi, nan tout nasyon, nan tout lang, yon kantite moun pa kap konte. Yo gen pou yo la pou lwe Bondye pou Sali yo. Rev. 7 :9-10

III. **Sèlman li bay kondisyon l.**
1. Ou dwe retounen jwen Papa Bondye tankou anfan pwodig la te fè. Se lè sa li va abiye w ak manto la jistis li. Se inifòm moun li rachte nan peche yo. Si w pa gen rad saa, li va mete w deyò. Mat.22 :11-14 ; Lik.15 : 20-24
2. Ou dwe mache ak Bondye jouk la fen. Mat. 24 : 13
3. Se lè sa tou ke Jezikri pral abiye w ak rad syèl la, ak wòb fiyanse a, si w te fidèl. 2Ko.5 : 2-4

Pou fini
Jezikri ap vin chèche Legliz li, li pap vin chèche Sal Wayòm. Bat pou w patizan Jezikri pou l kap abiye w ak rad syèl la sèl genyen.

Kesyon

1. Tcheke **bon** repons la.
   a. Pou déside desten planèt saa :
   b. Fòk gen yon reyinyon ki fèt nan Nasyon Zini
   c. Fòk tout prezidan nan lemonn antye bay sinyati yo.
   d. Bondye sèl gen dwa bay dènye desizyon l.
2. Tcheke **tout** bon repons yo
   a. Tout pòv ap sove.
   b. Tout moun ki gen manto gras la sou yo ap kalifye pou resevwa manto syèl la tou.
   c. Manto sa nan likidasyon nan ti mache.
   d. Si m pa genyen pa m, mwen kap mande yonn prete kay vwazen an si li gen de (2).
   e. Wòl Sentespri a se pou avèti nou ke la fen an pral rive.

Leson 11 Trinite a nan jan li fè yon fen ak Satan

Vèsè pou prepare leson an: Mat.25 :37-46 ; Jan.12 :27-31 ; 2Ko.5 :10 ; Kol.2 :15; 2Tes.1 :7-10 ; 1Jan.3 :8 Rev.20 :10-14 ; 19 :20
Vèsè pou li nan klas la : Mat.25 :37-46
Vèsè pou resite : Koulye a, lè a rive pou yo jije moun ki sou tè sa a. Koulye a, yo pral mete chèf k'ap dominen lemonn lan deyò. Jan.12 :31
Fason pou fè leson an : diskou, konparezon, kesyon
Bi leson an : Prezante Jezikri tankou chanpyon mondyal sou Satan le Dyab.

Pou komanse
Nan pwogram gouvèman Jezikri a, li fè konnen ke li vin pou detwi zèv Dyab la. Ki jan sa kap fèt? 1Jan.3 :8

I. **Li fèt pa mwayen lanmò Jezikri sou la kwa.**
  1. Kan lè a tap pwoche pou yo te krisifye l, Jezikri voye yon telegram bay Papa a pou mande l pou l manifeste l pou tout moun kap santi sa. Repons la vini tout swit. Papa chita sou twon li e li di byen fò pou tout moun kap tande : « Mwen glorifye l e se atò map glorifye l. Tout moun ki te la, tande l, yo sezi. Jan.12 : 27-30
  2. Depi lè saa, Jezikri deklare ke li genyen pati a. Satan pèdi batay. Jijman l deja ap tann li. Jan.12:31
  3. Kounyeya, Jezikri pral pran wout pou kalvè a san li pa pè. Na sonje ke **Jezi** te yon nonm ki gen feblès tankou nou. Men **Kris** la ki nan li a, pa gen feblès.
  4. Li avili sou kwaa tout pisans Satan ki te konn fè nou fè èsklav. Kol.2 :15

II. **Li fèt pa mwayen jijman rebèl depi nan tan Noye yo jwen ak sila yo jodia.**
Pandan twa jou li te pase anba tè a, li tal bay yo santans kap tann yo pou jou jijman an.
1Pyè.3 :18-20 ; 2Ko.5 :10
1. Rebèl yo pral sibi chatiman etènèl la.
2Tès.1 :7-10
2. Si gen vi etènèl, gen mò etènèl tou. Se nou ki pou chwazi ki bò nou vle rete nan letènite a. Eza.26 :10 ; Mat.25 :41

III. **La fen planèt saa**
1. Li pral mete fen a lanmò ak sejou lanmò. Rev.20 : 13-14
2. Li pral jete Satan ak Bèt la ak fo pwofèt la nan boukan dife, ni moun tou ki te pote mak Bèt la sou yo. Rev. 13 : 9-12 ; 19 :20 ; 20 :10
3. Latè ak tout sistèm ki tap fè l mache a, pral disparèt Rev.20 :11. Bondye pral *dedwanen* lòt tè pou nou. 2Pyè.3 :13 ; Rev.21 : 1

Pou fini
Eske w gen paspò la vi etenèl pare pou gran jou saa? Gade wè si li siyen ak san Jezikri ! Gade tou si se pa yon dekolaj ou genyen! Fè vit ranje sa avan l two ta !

Kesyon

1. Ki pwogram Jezikri nou wè nan leson saa?
   Li vin detwi zèv Dyab la
2. Ki jan li egzekite l?
   Li avili sou kwa a tout pisans Satan ki te fè nou esklav.
3. Ki jan nou fè konnen ke syèl la te aprouve Jezikri ?
   Papa a te kanpe nan syèl la pou fè yon deklarayon l:
   « Mwen glorifye l e se atò map glorifye l. »
4. Ki sa ki fè nou kwè ke lanfè li pou tout tan?
   a. Paske Jezikri te desann nan kote mò yo te an touris pou fè yo konnen ke jijman yo pa lwen. Moun sa yo te la nan tan Noye depi plis ke 4000 lane.
   b. Si gen vi etènèl, gen lanmò etènèl tou. Si wap bay mechan chans, li pap bay jistis valè l
   c. Yo dwe konnen depi kounyeya ke Jezikri pa nan plezantri. Li di ak bouch li ke rebèl yo pral nan lanfè.
5. Di si se vre, si se manti
   a. Sali a se yon bagay pèsonèl. __ V __ F
   b. Chatiman se yon bagay pèsonèl. __ V __ F
   c. Bondye gen mizerikòd __ V __ F
   d. Bondye konn bay jisitis. __ V __ F
   e. Jezikri se avoka nou isiba.
      Li va jij nan dènye jou a __V__ F

Leson 12 Moun rachte yo, se yo ki Temwen Jezikri a

Vèsè pou prepare leson an : Mat.7 :15 ; Mak.4 : 22 ; Jan.3 : 16, 36 ; 16 :13 ; 4 :24 ; 11 : 25 ; Ac. 2 : 32 ; 4 :10-20 ; 20 :29 ; Ro.8 :35-39 ; Ep.5 :23 ; Tit.3 :9-11 ; 1Jan.1 :1-2 ; 5 :20 ; 2Jan.9
Vèsè pou li nan klas la : 1Jan .1 :1-4
Vèsè pou resite : Sa nou menm nou te wè a, sa nou te tande a, m'ap fè nou konnen l' tou. 1Jan.1 :3a
Fason pou fè leson an: Diskou, konparezon, kesyon
Bi leson an : Fòtifye konviksyon kretyen yo nan Jezikri ki Seyè nou e Sovè nou.

Pou komanse

Si w vle konnen moun ki Temwen Jezikri tout bon, fòk ou ta poze apòt yo kesyon apre Senyè te monte e ou ta pale tou ak kretyen kap pase gwo tribilasyon. Men sa yo ta va di w :

I. **Nou menm se temwen Temwen Jezikri tout bon:**
   1. **Apòt Pyè ta di w:**
      a. Nou te temwen rezireksyon l. Tra.2 :32
      b. Nou te temwen 1 lè 1 tap monte tou vivan nan syèl la. Tra.1 :11
      b. Nou te temwen lè Sentespri a tap desann tankou mèch dife sou moun ki konvèti yo. Tra.3 :32
      c. Nou gen garanti la pè ak Bondye e Sali nou nan Jezikri. Wo5 :1

2. **Apòt Jan ta di w:**
   a. Sa nou te wè ak de grenn zye nou, sa nou tap admire a, sa nou te touche ak men nou, osijè de Pawòl la vi a, se li menm nap anonse w.
   1Jan.1 : 1-2
   b. Tout apòt yo ki te mouri martir yo, ta kap pale konsa. (Gade nan Torche Brûlante, Livre du Maitre #2)

II. **Nou gen yon kredo ki baze sou Bib la.**
   1. Nou kwè nan lanmò Jezikri pou padon peche nou e nou kwè li resisite pou wete kòd kondanasyon an nan kou nou Wo.5 :1
   2. Nou kwè nan sali pa gras pa mwayen la fwa. Ef.2:8
   3. Nou kwè nan Trinite Sen. Mat.28:19-20
   4. Nou kwè nan Jezikri kap tounen nan glwa li. Jan.14 :3
   5. Nou kwè nan la vi pou tout tan gen tan e nan jijman rebèl yo pou tout tan gen tan.
   Jan.3 :36; 2Ko.5 :10
   6. Nou kwè ke nou fè pati de Legliz Kris ap vin chèche a. Nou pa kwè nan Sal Wayòm. Ef.5 : 23
   7. Nou kwè Jezikri pral vin chèche legliz pou maryaj li anwo nan syèl la. 1Tès.4 :15-17
   8. Nou temwen gwo chanjman nan vi nou depi nou konvèti. Ga.2 :20
   9. Nou gen dwa di kounyeya : Ki sa ki kap separe nou de Jezikri? Okenn moun, okenn fòs, okenn sikonstans. Wo. 8 : 35-39

III. **Yo obsève kèk disiplin.**
1. Yo mete tèt yo angad kont lou devoran yo ki pran pòz brebi. Mat. 7 :15 ; Tra.20 :29
2. Yo pa mele nan sosyete sekrè tankou Franmason ak Temwen Jewova. Mak.4:22
3. Yo repouse tout diskisyon sou ras a zansèt. Yo pa resevwa moun sa yo kay yo. Ti. 3 :9-11.
4. Si yon moun vle fòse w pou w kite Kris pou ale pi lwen ke sa Kris di w, ou pa dwe rete pale avè l. Moun sa pa konvèti di tou ; Li pa moun Bondye mete sou chemen w. 2Jan .9

Pou fini

Temwen Jezikri yo, sonje byen kontra la tè a fini. Epou a pa lwen ankò pou l vini. Kenbe fèm !

Kesyon
1. Koman nou kap fè pou rekonèt moun ki Temwen Jezikri tout bon vre yo?
    a. Se gras a temwayaj yo ak konviksyon yo nan Levanjil
    b. Se gras a mesaj yo sou lanmò ak rezireksyon Jezikri
    c. Se gras a devouman yo ki pèmèt yo asepte lanmò pou tèt Jezikri.
2. Bay nou temwayaj apòt Pyè sou Jezikri ?
Li mouri, li resisite. Nou kap sèvi l temwen.
3. Bay nou temwayaj apòt Jan? Sa nou te wè a, sa nou te tande a, sa men nou te touche a, se li menm nap preche w la.
4. Ki jan de disiplin Temwen Jezikri yo dwe obsève ?
    a. Yo pa nan fè diskisyon sou ras ak zansèt.
    b. Yo pa frekante sosyete kap fè bagay an sekrè
    c. Yo gade doktrin Kris la

Lis vèsè yo

1. Anvan menm ou te kreye mòn yo, anvan ou te fè latè ak tout sa ki ladan l', depi tout tan ak pou tout tan se Bondye ou ye. Sòm.90 :2

2. Ale fè disip pou mwen nan tout nasyon, batize yo nan non Papa a, Pitit la ak Sentespri a. Mat.28 :19

3. Se pou Seyè a beni nou, se pou l' pran swen nou. Se pou Seyè a fè nou santi li la avèk nou, se pou l' gen pitye pou nou. Se pou Seyè a fè nou wè jan li renmen nou, se pou l' ban nou kè poze! No.6 :24-26

4. Jezi pwoche bò kote yo, li di yo konsa: Mwen resevwa tout pouvwa nan syèl la ak sou tè a. Mat. 28 : 18

5. Men, li menm Lespri k'ap moutre verite a, lè la vini, la mennen nou nan tout verite a. Jan.16 : 13a

6. Nan denmen, Jan wè Jezi ki t'ap vin jwenn li, li di: Men ti mouton Bondye a k'ap wete peche moun sou tout latè. Jan.1 :29

7. Apre sa, mwen gade ankò, mwen wè yon gwo foul moun. Pesonn pa t' kapab konte kantite ki te gen ladan li. Se te moun tout lòt nasyon, tout kalite ras, pèp tout peyi ak tout lang. Ap.7 :9a

8. Nou konnen Pitit Bondye a te vini, li louvri lespri nou pou nou ka konnen Bondye tout bon an. N'ap viv ansanm ak Bondye tout bon an, gremesi

Pitit li, Jezikri. Se li menm ki Bondye tout bon an, se li menm ki lavi ki p'ap janm fini an. 1Jan.5 :20

9. Se poutèt sa, moun k'ap kenbe tèt ak otorite yo, yo refize obeyi lòd Bondye tabli. Moun ki refize obeyi lòd la, y'ap rale yon jijman sou tèt pa yo. Ro.13 :2

10. Se sa ki ekri nan Liv la: Nenpòt moun ki rele non Met la gen pou jwenn delivrans. Ro.10 :13

11. Koulye a, lè a rive pou yo jije moun ki sou tè sa a. Koulye a, yo pral mete chèf k'ap dominen lemonn lan deyò. Jan.12 :31

12. Koulye a, lè a rive pou yo jije moun ki sou tè sa a. Koulye a, yo pral mete chèf k'ap dominen lemonn lan deyò. Jan.12 :31

13. Sa nou menm nou te wè a, sa nou te tande a, m'ap fè nou konnen l' tou. 1Jan.1 :3a

Seri 4

Fon zòsman yo

Avangou

Ezekyèl te yon sakrifikatè an egzil nan peyi Babilòn ant premye ak dezyèm depòtasyon tribi Jidaa. Sa vle di ant lane 597 a 586 Avan Jezikri (2Wa.24 :11-16). Se pandan li nan diaspora nan peyi saa ke Bondye mete men sou li pou l vin yon pwofèt. Djob li se te anonse retablisman douz tribi Izrayèl yo nan peyi yo. A la yon gwo mirak sa va ye ! Yon pèp meprize, imilye, li pasi pala nan tout nasyon tankou zòsman nan yon fon, yon pèp ekspoze a tout move tan !... Sa fè plis ke 2000 ane! Eske sa posib ke yo leve a tè a?...
Kant wa Salomon te mouri nan lane 931 avan Jezikri, tribi Izrayèl yo te divize an de wayòm, wayòm Jida ak wayòm Izrayèl. Se pou la premyè fwa Bondye pral reyini yo pou li fè yon sèl ke li va rele « Mezon Izrayèl ». Bondye sa pral di yo : Yo pap rele w pitit bandonen ankò. Mwen va remarye avè w paske mwen pral fè kè m kontan avè w : Eza.62 :4
Se yon fason pou di w ke Bondye vle pale ak ou tou. Si ou kwè ou menm se yon ka pèdi, Bondye pral retire w nan simetyè kote yo tere w la pou bay ou la vi ankò. Met konfyans ou nan Letènèl ! Lè delivrans ou an rive!

Pastè Renaut Pierre-Louis

Leson 1 Pèp la sanble a yon lame yo fin detwi

Vèsè pou prepare leson an : 2Wa.17 : 16-23 ; 24 :2-4 ; 25 : 13-16 ; 2Kr.36 : 18-19 ; Eze.37 : 1-11 ; Da.3 : 15b ; Ebr.4 :11

Vèsè pou li nan klas la : Eze.37 :1-6

Vèsè pou resite : Mwen santi pouvwa Seyè a sou mwen ankò. Lespri Bondye a pran m', li mennen m' nan yon fon ki te plen zosman. **Eze.37 :1**

Fason pou fè leson an: diskou, konparezon, kesyon

Bi leson an : Montre ki jan Izrayèl ak Jida ap viv tankou esklav nan lòt peyi.

Pou komanse

Pèp Izrayèl la te tèlman nan zafè pa bon nan esklavaj li ke Bondye te gen pitye pou li. Se te tou nòmal, piske se pèp li. Ki jan se te ye?

I. **An nou wè li nan vi politik li.**
   1. Pèp la te toupatou anba men lòt nasyon. Li pat gen ni yon non, ni yon avni. Eze.37 : 11
   2. Li te blije mete tèt li atè. Bondye te livre 10 tribi Izrayèl la anba men Asiri ki Iran jodia, depi lane 722 avan Jezikri te vini ; li te livre wayòm Jida a anba men Babilòn, ki Irak jodia depi lane 586 avan Jezikri te vini. Se te yon fason Bondye te vle pini sipèsisyon ak krim yo tap fè.
   2Wa.17:16-23; 24:2-4

II. **An nou wè ki jan biznis yo te mache**
   1. Yo te pèdi anpil moun ak anpil richès yo.
   2. Sa ki te pi rèd la, Bondye te bandonen yo.
   3. Depi se veso konsakre pou sèvis Bondye, lèdmi an pran tout. 2Wa.25 :13-16

4. Yo boule bèl tanp wa Salomon an te bati a. 2Kwo.36 :18-19

III. **Ki jan Bondye Izrayèl pran yon desèpsyon.** Dapre wa Asiri ak Babilòn nan, yo kwè ke dye pa yo a bat Bondye Izrayèl la ak Jidaa. Dayè se yon Bondye envizib, yo kwè yo kap fè sa yo vle avè l. Se sa wa Nebikadneza te kwè. Tande ki jan li tap fè djòlè: «Mwen pini **Bondye** w la vin retire w anba **men m** !» Da. 3 :15b

Pou fini
Dezobeyisans Izrayèl ak Jida fè Bondye nou an pèdi prestij li devant payen yo. Nou men, bat pou nou pa bay menm egzanp dezobeyisans la. Konsa, sa ap pi bon pou nou e Bondye nou a gen glwa pou li. Ebr.4 :11

Kesyon

1. Ki lè e ki kote Izrayèl te ale nan esklavaj?
Nan peyi Asiri nan lane 722 avan Jezikri.
2. Ki lè e ki kote Jida te ale nan esklavaj ?
Nan peyi Babilòn nan lane 586 avan Jezikri
3. Nan ki kondisyon Izrayèl tap viv nan moman saa?
   a. Bondye te bandonen l
   b. Li pèdi tout richès li. Anpil moun pèdi la vi yo.
   c. Lèdmi an boule bèl tanp li a.
4. Pouki wa Nebikadneza te pran Bondye Izrayèl la? Tankou yon esklav tou.

Leson 2 Ki kondisyon zòsman yo nan vale a

Vèsè pou prepare leson an: 2Wa.17:24 -41; Jan.4:9
Vèsè pou li nan klas la : 2Wa.17 :24-33
Vèsè pou resite : Konsa moun nasyon sa yo t'ap sèvi Seyè a, men yo te toujou ap sèvi zidòl pa yo tou. Pitit yo ak pitit pitit yo ap fè tankou papa yo jouk jounen jòdi a. **2Wa.17 :41**
Fason pou fè leson an: diskou, konparezon, kesyon
Bi leson an : Montre ki jan peche lakòz Izrayèl pèdi idantite l ak libète l pou l ta sèvi Bondye jan l ta dwe.

Pou komanse
Kan zafè yon moun vin pa bon, tout moun bay ou do, anwetan Bondye paske move zodè nou pa repouse l. Ki jan li konsidere Izrayèl lè li tap viv nan esklavaj li a? An nou wè li nan plizyè fason.

I. Premye fason
1. Izrayèl te tankou yon kadav santi ki plen vè sou li.
2. Li pa gen vyann ki rete ankò. Li pa gen venn, ni sèvèl, ni mwèl. Se twou zye yo ki rete. Pou fin di w, Izrayèl tounen yon eskelèt.
3. Izrayèl tou bon pou ale nan simityè pami mò yo.
4. Li pa yon pèp ankò. Li yon esklav ki pa gen okenn dwa. Sa mèt li di l se sa. 2Wa.17 : 24-25

II. Dezyèm fason :
1. Lòske Izrayèl te depòte, li te la pou l sibi tout kalite imilyasyon anba men kolon yon. Li te tankou vyan pouri anba dan bèt sovaj yo. Yo oblije Izrayèl adore dye pa yo. 2Wa.17 :29-32

2. Peyi Asiri voye kolon asiryen nan peyi Izrayèl ke yo te rele wayòm Nò pou mate yo. Yo fè pitit ak yo. Se pitit sa yo ki rele jodia Samariten. 2Wa.17 :24
3. Piske jwif sa yo mele ras yo, Jida ki rele wayòm Sid la fè lèdmi ak samariten yo. Jan.4 :9

III. **Twazyèm fason:**
1. Lè kadav ap bat la pli, ak van tou, vye debri ak vye krabinaj tonbe sou li. Tout kò a gaye toupatou.
2. Se yon fason pou di nan ki imilyasyon Izrayèl trouve l. Li gaye tout patou nan tout peyi nan le monn.2Wa.17 :41

Pou fini

Nou wè kote dezobeyisans mete l ! Eske nou menm nou pral fè menm jan tou ?

Kesyon

1. Ak ki sa Izrayèl te sanbe nan esklavaj li a ?
   a. Li te sanble ak yon kadav
   b. Li te sanble ak yon vyan pouri
2. Pouki sa nou di ke li te pèdi idantite l?
   Paske yo te fè pitit ak kolon asiryen yo.
3. Koman yo te rele ti moun sa yo. ? Samariten.
4. Ki Dye yo te sèvi lè sa ? Dye asiryen yo
5. Di si se vre ou si se manti :
   a. Izrayèl dwe adore dye yo bay li. _ V _ F
   b. Li bon pou moun gen dye de rechanj. _ V _ F
   c. Depi yon moun pa gen Bondye nan vi l, li sanble ak yon kadav _ V _ F

Leson 3 Ezekyèl yon etidyan nan klas fizyoloji pou etidye kadav

Vèsè pou prepare leson an : Eze. 37 :1-6 ; Jer. 25 : 11 ; 29 :10, Wo. 8 :1
Vèsè pou li nan klas la : Eze. 37 :1-4
Vèsè pou resite : Li di m' konsa: -Nonm o! Eske zosman sa yo ka tounen vivan ankò? Mwen reponn: -Seyè sèl Mèt la, se ou ki konnen! **Ez. 37 :3**
Fason pou fè leson an : diskou, konparezon, kesyon
Bi leson an : Montre ke enposib pa egziste pou Bondye nou an.

Pou komanse

Ezekyèl pa gen chans fè pwofesyon l tankou sakrifikatè ankò paske « mezon Izrayèl » nan esklavaj. Bondye te blije bay li yon lòt djòb. Le fè li vin yon pwofèt. Men pou kounyeya, li mennen l swiv yon klas nan yon lopital. Ki lopital sa? An nou ale tou.

I. Se yon sal kote yo etidye kadav

Bondye mete men sou Ezekyèl li depoze l nan yon vale zòsman. A la yon vwayaj dwòl papa !
1. Ki sa misye wè? Yon bann zo mò kap gate. Pa gen la vi di tou.
2. Zo yo chèch. Pa gen anyen ou kap fè ak yo! Eze.37 :1-4

II. **Se yon sal kote etidyan an pral konnen ki sal vo**
1. Pa genyen yon fason yon kadav prezante ki ta dwe fawouche l.
2. Bondye, ki dwayen Inivèsite a mete Ezekyèl devan yon ka enposib pou l montre l ke devan Bondye tout sa ki enposib kap vin posib.
3. Ezekyèl pral konnen de A a Z sa Bondye vle revele l, sa ke chèf yo nan Babilòn ak Asiri pa konnen. Eze.37 :5-6
4. Ezekyèl pral konnen ke pa gen ka pèdi pou Bondye. Eze.37 :6b

III. **Se yon sal kote etidyan an pral asiste imilyasyon pèp Izrayèl la**
1. Wayòm Jida ak wayòm Izrayèl la ap pase swasantdizan nan èsklavaj. Bondye pa wete anyen nan pinisyon an. 2Kwo.36 : 21 ; Jer.25 :11 ; 29 :10
2. Men sa ki dwòl la, Jida pral retounen nan peyi Palestin nan ak Esdras. Kanta Izrayèl menm, li pral gaye toupatou jouk jounen jodia.

Pou fini

Pa gen kondanasyon pou moun ki nan Jezikri. Livre vi w bay Bondye ki pa gen anyen ki enposib pou li e w va wè ki chajman li pral akonpli pou w! Wo.8 :1

Kesyon

1. Pouki sa Ezekyèl pat kapab travay kòm sakrifikatè nan diaspora a?
   Paske li pat gen dwa fè sakrifis pou pèp la kote li te esklav.
2. Ki djòb Bondye te bay li? Li fè l yon Pwofèt
3. Ki gwo eksperyans li fè ak Bondye?
   Bondye te mennen nan yon fon zòsman.
4. Ki jan sa te ye ? Se nan yon vizyon Bondye te pale avè l.
5. Pouki sa Bondye te montre l fon zòsman saa ?
   Pour Li te montre l feblès lòm devan pisans Bondye
6. Konbyen tan Izrayèl ak Jida te pase nan esklavaj? Swasantdizan.
7. Ki sa ki pral rive ak Jida e Izrayèl ?
   Jida te gen pou retounen nan peyi Palestin nan tandiske Izrayèl gaye toupatou nan le monn jouk jounen jodia.

Leson 4 Pwojè pou Izrayèl retabli nan peyi l

Vèsè pou prepare leson an : Jen. 12:3 ; 2S. 7: 16; Eza.9: 6; Eze. 34 : 22-24 ; 36 :24-27 ; 37 : 21-25 ; Jer.31 :33 ; Lik.1 :32 ; 22 :20 ; Jan.1 :29 ; 3 :16 ; 15 :3 ; Ga. 3 :28-29
Vèsè pou li nan klas la : Eze.37 :1-7
Vèsè pou resite: Wi, men sa Seyè sèl Mèt la voye di yo: Mwen pral fè yon van soufle sou nou pou nou ka tounen vivan ankò. **Ez.37 :5**
Fason pou fè leson an : diskou, konparezon, kesyon
Bi leson an : Yon ti rale sou pwojè linyon Izrayèl ak Jida

Pou komanse
Ezekyèl te fè yon gwo vizyon sou Jida ak Izrayèl : Apre lanmò wa Salomon, wayòm nan vin tonbe anba men pitit li Woboram nan lane 931 avan Kris. Depi lè saa, Jida ak Izrayèl te divize. Bondye pral fè yo vin yon sèl ankò. Lè sa li va rele 1 : « Mezon Izrayèl la.» Men ki jan sa gen pou l pase :

I. An nou wè plan l pou retabli Izrayèl. Eze.37 :21
1. Nan moman saa, li va akonpli kontra l te fè ak Abraram. : Bondye pral beni Izrayèl ak tout lòt nasyon ki dakò ak Abraram. Se nonm sa ki te premye payen konvèti nan peyi Babilòn. Jen.12:3 ; Ga.3:28-29
2. Menm lè a tou, li va akonpli pwomès li a wa David: Ren y li va asire pou toujou. Se Jezikri ki pral chita sou twon saa pou toujou.
2S.7 :16; Eza.9 :6 ; Lik.1 :32
3. Izrayèl pral retounen nan peyi l. Eze.36 : 24

4. Se menm lè sa tou li va tabli Nouvo Kontraa ke nou rele Nouvo Tèstaman: Li pap ekri lwa yo sou wòch ankò, men li pral mete Pawòl li nan kè lezòm. Jer.31 :33
5. Jezikri pral di : « Koup saa se Nouvo Kontra ki fèt ak san mwen.». San saa se san ti mouton an ki vèse pou peche lemonn antye.
Jan. 1 :29 ; Lik.22 :20
6. Konsa, nan zafè restore Izrayèl la, Bondye gen yon plan inivèsèl pou sove lemonn antye. Jan.3 :16

II. **Koman linyon an pral fèt. v. 22**
1. Pap gen kesyon ankò de wayom Nò ak wayom Sid. Se yon sèl nasyon ki va genyen. Eze.37:22
2. Yo va genyen yon sèl wa. Li rele Jezikri, pitit wa David, Mesi a, wa a, bèje a ke yo te toujou pale de li nan wayòm David la.
Eze. 34 :22-24 ; 37 :22, 24-25

III. **Koman pirifkasyon an ap fèt. V. 23**
1. Bondye pral pirifye yo. Eze.37 :23. Se sèl nan Nouvo Kontraa sa ta kapab posib. Jezikri di ke li sifi ke w mete pawòl li anpratik pou w sa vin pwòp. Eze.36 : 26-27 ; 37 :14 ; Jan.15 :3
2. Bondye pral chanje kè yo. Yo va konvèti. Ez.36 :26-27
3. Li va fè yon kontra pou siyen la pè ak yo pou letènite. Ez.37 :26

Pou fini
Izrayèl pat reyisi obsève Lwaa. An nou bat yon gwo bravo pou Jezikri ki sove nou, ki rekonsilye nou ak Papaa nan yon menm Espri li a.

Kesyon

1. Ki jan Bondye fè pwojè pou l restore Mezon Izrayèl la?
   a. Li va akonpli pwomès li te fè a Abraram ke lap sove tout payen a pati de Abraram ki te premye payen konvèti.
   b. Li va akonpli pwomès li te fè a wa David : Li te di l ke twon li an ap toujou gen yon pitit li ki chita sou li.
   c. Li va akonpli pwomès li te fè nan Nouvo Kontra a : Jezikri vin ranplase Moyiz
2. Ki jan l va fè pou l ini 12 tribi Izrayèl yo?
   Jezikri pral wa yo pou tout tan gen tan
3. Ki jan Bondye pral fè pou l pirifye kè yo ?
   Li va fè sa gras a pwovizyon ki genyen nan Nouvo Kontraa.

Leson 5 Pwojè pou Izrayèl retabli nan peyi l (rès la)

Vèsè pou prepare leson an : Eze.37 :1-10 ; Mat.24 :32
Verset à lire en classe : Eze.37 :9-10
Vèsè pou resite : W'a di li men mesaj Seyè sèl Mèt la voye ba li: Vini non! Soti nan kat bòn direksyon yo. Soufle sou tout mò sa yo, fè yo tounen vivan ankò. **Eze.37 : 9b**
Fason pou fè leson an : diskou, konparezon, kesyon
Bi leson an : Bay eksplikasyon sou ki jan Izrayèl pral retabli tankou yon nasyon.

Pou komanse

Pwofèt Ezekyèl pral fè doktora li nan yon Lekòl ki gen gwo mistè ladan. Se sajès li ak lobeyisans li ki va mennen l la. Ki jan nou kwè Bondye pral itilize l?

I. Premyèman:

1. Fòk Ezekyèl kap ran li kont de sityasyon ki devan l nan. Fòk li renmen peyi l tout bon, pou l sa dakò pou fè tout sa Bondye mande l, pou l sove nasyon li an. Eze.37 :4, 7
2. Fòk Bondye li menm foure bouch li nan koze saa. Eze.37 : 5-8
3. Bondye pral mete pwofèt la devan yon ka enposib, pou l kap rekonèt grandè Bondye.

II. Dezyèmman:

1. Sèlman nan ka nou ye la, pou mirak la kap fèt, fòk ni Bondye, ni Ezekyèl kap mete men yo ansanm. Eze.37 :.9-10

2. Ezekyèl pwofetize sou zo yo. Depi lè saa, Sentespri a rantre nan tout zòsman yo. Yo tounen moun jan yo te ye avan. Yo leve kanpe sou de pye yo. Eze. 37 :10
3. Se lè sa sèlman Ezekyèl dekouvri ke li te kontribye pou rasanble tout yon gwo kokennchenn lame. Eze.37 :10

III. **Eksplikasyon vizyon saa.** Eze.37 :.11-14
Izrayèl te tere nan peyi LaRisi, nan peyi Alman, Angletè ak la Frans. Fòk yon van ta soufle tribò e babò pou al detere yo nan simityè sa yo. Eze.37 : 12. Van ki soufle nan kat kwen la tè a, vle di levenman tout patou pou retire Izrayèl anba men gwo nasyon yo pou bay li libète l.
1. **Men premye van an**: Bondye kraze Linyon Sovyetik la nan 25 Desanm 1989. Eze. 38 :22 Jwif ap kite Larisi pou ntre nan peyi yo.
2. **Men dezyèm van an**: Bondye vide atè miray Bèlen an atè nan dat 3 Oktòb 1990. Se miray sa ki te separe an de (2) kapital peyi Alman sa. Eze.38 :22-23
La menm jwif ki te nan chak bò miray yo, yo kap jwen apre 45 lane yo te separe.
3. **Men twazyèm van an**: Izrayèl te pwoklame l nasyon. Sa te fèt nan yon sèl jou nan dat 14 Me 1948.
Eza. 66 : 6-8 Kounyeya se pa milye yap rantre nan peyi yo.
Lè sa peyi Angletè voye David Ben Gouryon, premye minis Izrayèl la, *pou li fè lèkti nan vil* Tel-Aviv, Ak Endepandans Izrayèl.
Angletè te gen reskonsablite pou l plase Izrayèl sou teritwa Palestin nan ak tout dwa

pou l dirije tèt li e pou l te dakò ede jwif yo retounen san pwoblèm nan peyi yo.
4. **Men katryèm van an** : Etazini sipòte Izrayèl nèt ale pou pèson moun pa vin dechouke l sou teritwa l. Se sa yo rele mouvman Siyonis la. Se ki fè ke nou wè chak ane, jwif yo ap rantre nan peyi yo pa bann e pa pakèt. Nou gen dwa di ke figye Jezikri tap pale de li a, lap boujonen! Kris pa lwen pou l tounen.
Mat. 24 : 32

Pou fini

Izrayèl pa gen dwa pèdi lespwa! Gen yon jou pou Letènel chef lame a. Jou pa w la pa lwen tou! Rete tann!

Kesyon

1. Ki kondisyon pou Izrayèl ka retabli ankò?
   a. Fòk yon bon volonte
   b. Fòk Bondye mete men l.
2. Ki sa ki te rive kan Ezekyèl te pwofetise?
   Zòsman te komanse rasanble yonn ak lòt.
   a. Ki sa van ki soufle pa pisans Lespri a vle di ?
   Gen peyi e gen anpil evenman ki pral kontribye pou retabli Izrayèl tankou yon nasyon.
   b. Se peyi kote Izrayèl te tere tankou nan simetyè.
3. Ki sa lòd Angletè a vle di?
   Angletè te gen lòd pou l plase Izrayèl sou teritwa l ak tout dwa pou l dirije tèt li.
4. Ki peyi ki sipòte Izrayèl nèt ale ? Etazini
5. Koman yo rele sipò sa ? Mouvman siyonis

Leson 6 Legliz jodia ki tounen yon fon zòsman

Vèsè pou prepare leson an : Jer.2 :13 ; 23 : 25-36 ; Ez.34 : 21 ; Ose.4 :6 ; Amos 5 : 4 ; 21-24 ; Jon.1 :10 ,12 ; Mat.23 :27-28 ; 2Ti.4 :3 ; Rev. 2 :5 ; 7 :15
Vèsè pou li nan klas la : Amos. 5 : 21-24
Vèsè pou resite : Sispann chante kantik nou yo nan zòrèy mwen. Mwen pa vle tande mizik gita nou yo ankò. **Amo.5 :23**
Fason pou fè leson an: diskou, konparezon, kesyon
Bi leson an : Montre ki jan Legliz Bondye vin esklav yon bann pwensip ki pa dakò ak misyon l.

Pou komanse
Se yon lanmòd jodia pou w wè nenpòt moun deklare tèt li bichòp, pastè, pwofèt, diak ou byen mann Legliz. Pa sezi tou si nou wè Sentespri a rale soti. Konsekans yo grav paske sa pap pran anpil tan pou legliz la tounen yon fon zòsman. Ki jan ?

I. **Kan adorasyon ak lwanj yo pa sensè**
   1. Pa gen imilite ni senplisite ankò. Mo repantans la pa pale ankò. Moun ap chèche vin popilè nan eksitasyon nan koral, nan gwoup chantan, menm nan sèvis jèn yo. Sa pa pran tan pou Satan divize legliz la. Amos. 5 : 4
   2. Gwoup yo ap fè konpetisyon pou wè ki lès nan yo ke pastè a ap pi renmen ou byen ke manm yo ap pi renmen. Si apòt yo te fè gwoup yo, anverite, Levanjil la tap rete sèlman nan Jerizalèm, li pat tap janmen rive nan bout la tè. Nou wè legliz yo ap deteryore. Moun preske pa vini nan sèvis aswè yo, Etid Biblik, reyinyon

priye, sèlman si gen Revèy, moun ki vin pou danse, pou mete bèl abyman. Oze.4 :6

II. Konsekrasyon yo pa sensè
1. Mouvman evanjelizasyon yo neglije
2. Yo tolere peche w si ou se moun lakay, si ou kontribye byen. Legliz vin tonbe anpouriti ak fo pastè, ak mouton yo ki gen gwo kò n, moun pa kapab pale ak yo. Ou twò piti pou w egzote yo. Konsa legliz ap desann nan fon zòsman an. Eze. 34 :21 ; Mat. 23 : 27-28
3. Yo pa tolere mesaj sou la fwa, sou peche ak sou jijman. Yo pito predikatè kap voye monte, kap di bèl pawòl san non Jezikri pa lonmen. Legliz vin deteryore. 2Ti.4 :3.

III. Kretyen laplipa pa konn sa yap defann
1. Pa sezi si yon moun chita andedan legliz la pou lap fè landjèz. Move zespri déjà chita la. Sentespri a pa alèz. Li rale soti tout swit. Rev.2 :5
2. Si ou bezwen le monn, wap jwen li nan adrès legliz la. Sipèstisyon ap fèt tankou nan tan wa Manase ki te monte yon badji nan tanp la. Sentspri a pa rete la. Legliz vin desose, san vi.
3. Anpil kretyen kontante ke yo sove depi lontan. Yo pa genyen okenn anvi pou yo pataje Kris ak moun ki pa konnen l. Gen lè yo pran sa kote pwofèt Jonas. Jona.1 :10,12
4. Yo bliye ke kan nou sou tè sa, se èstaj nap fè pou travay Bondye va bay nou fè lè nou rive anwo nan syèl la. Rev.7 :15
5. Kretyen vin sanble ak kaderik koule ki pa kap kenbe pawòl pou lontan nan kè yo. Jer. 2 :13

6. Yo konn sa kap pase nan vizyon ak televizyon ; Yo pa konn sa kap pase nan konsyans yo ni nan mesaj Bondye bay pwofèt li yo. Jer.23 :27

Pou fini

Sonje ke batay la se pa kont frè w. Batay la se kont Satan le Dyab. Lit nou an se pa nan sa ki te déjà pase, men nan avni an nap bat pou nou posede. An nou veye. An nou lite. An nou lite jouk sa fini.

Kesyon

1. Di nou kèk bagay ki lakòz Legliz chite jodia?
    a. Yon kòlon fo pastè kap kondi lèv yo
    b. Yon kòlon adorasyon ak lwanj pou chofe lòm
    c. Dirijan ki pa konsakre kap dirije legliz
    d. Neglijans nan zafè evanjelizasyon
    e. Tolerans peche, zafè moun pa nan legliz.
    f. Kretyen yo neglije Lekòl Dimanch, Etid Biblik
    g. Anpil kretyen san konviksyon plen legliz.
2. Ki sa ki alamòd nan legliz jodia ?
    a. Konpetisyon gwoup nan chante ak nan bay ofrann
    b. Mouvman revey ak moun ki konn pale men ki pa gen onksyon Bondye sou yo
3. Ki sa kretyen san konviksyon an vle di ?
4. Kretyen ki sove depi lontan. Yo ansyen jouk yo kanni. Yo pa la pou sèvi Bondye vre.
5. Ki sa yo pi pito fè?
    Yo la pou divize e detwi legliz

Leson 7 Maryaj ki nan vale zòsman an

Vèsè pou prepare leson an : Jen.1 :26-27 ; 2 :18 ; Lam.3 :22-23 ; Mat.4 :4 ; Ef.5 :22-33

Vèsè pou li nan klas la: Ef.5 : 22-33

Vèsè pou resite : Men, li bon pou nou tou: se pou chak mari renmen madanm yo tankou yo renmen tèt pa yo, epitou se pou chak madanm respekte mari yo. **Ef.5 :33**

Fason pou fè leson an: diskou, konparezon, kesyon

Bi leson an : Nap bat pou sove maryaj ki tonbe nan vale zòsman an.

Pou komanse

Maryaj se premye zak Bondye te fè ant gason ak fanm. Li beni l e li bay li garanti. Ki jan sa sa fèt ke anpil maryaj tonbe nan pouriti? An nou desann tou dousman nan fon zòsman an, pou nou wè ak de grenn zye nou. Ki sa ki kòz li tonbe la ? Jen.1 :26-27

I. **Se paske yo mete Bondye akote.**
1. Maryaj la se yon mistè li ye ant Bondye, gason an ak fanm nan. Si Bondye pa nan mitan, maryaj la gate. Si w mete Bondye a akote, ou mete benediksyon maryaj la akote menm lè a tou. Ki jan ?
   Ou ta dwe renouvle pwomès ou te fè devan Bondye chak maten si ou vle li renouvle w bonte l chak maten. Lam.3 :22-23
2. Ou toujou ap kritike defò patnè a, ou pa bay li lwanj pou bèl kalite l. Konsa chak moun se yon lanfè li ye pou lòt la. Mat.7 :3-5

3. Wap pale mal pwòp patnè w ak lòt moun. Konsa maryaj la vin tounen fatra, li pouri, li bon pou ale nan fon zòsman an.

II. Se paske rezon pou maryaj la pa la ankò

1. Bi a se te fonde yon fanmiy ant yon gason ak yon fanm ki kap vin yon nasyon. Se Bondye menm ki te pase lòd li pou sa. Jen.1 :27
2. Yon lòt bi ankò se pou lòm pa rete pou kont li. Li bezwen yon patnè pou ede l, konsole l, distrè l e glorifye Bondye. Jen. 2 :18
3. Nou kap ajoute ke lòm bezwen lòt moun pou bay li afeksyon. Li pa bezwen yon bòs nan maryaj la, men yon zanmi kap di l bon ti koze. Si li pa konsa, maryaj la deja ap woule desann nan fon zòsman. Mat.4 :4

III. Se paske lè patnè a ap twonpè lòt la se pwòp tèt li lap twonpe.

1. Gen yon moun ki marye ak yon lide nan tèt li. Li pa janm di l a patnè l. Lè l kwè lap twonpe kanmarad li, se pwòp tèt li lap twonpe.
2. Ou gen bag la nan dwèt ou, ou gen pitit, men ou pa jwen lanmou nan maryaj la. Lanmou pa janmen alavant. Si lanmou an pa la, maryaj la pa egziste ankò. Ou gen dwa al chèche l nan fon zòsman an.
3. Satan te déjà bay li yon dènye kout kouto ak depi, vyolans, divòs ak yon sèkèy mete sou li.

IV. **Ki posiblite pou restore l**
E byen, an nou ale ansanm ak Bondye ak Ezekyèl nan fon zòsman an. An nou tande Bondye li menm ki di : Nonm o, eske zòsman sa yo ka viv ankò ? Mwen tande pwofèt la ki di: Bondye, ou konnen

Pou fini
Rele Bondye sa ki ka fè tout bagay e tann van Sentespri a soufle pou mete la vi ankò nan tout kote maryaj la te mouri a.

Kesyon

1. Ki te premye zak Bondye te kreye ant gason ak fanm nan? Li te marye yo.
2. Ki sa ki kap fè yon maryaj dire ?
   Se pou patnè yo kap renouvle pwomès yo te fè a de tanzantan devan Bondye
3. Ki sa nou dwe chèche fè nan relasyon nou ak patnè a ?
   a. Pale de kalite moun nan. Pa pale de defo l.
   b. Pa di lòt moun defo l
   c. Priye pou sityasyon yo kap vin miyò
4. Ki bi maryaj la ?
   Fè ti moun, jwenn afeksyon, gen yon konpanyen
5. Pouki sa nou di ke gen moun ki twonpe ni moun nan ni tèt yo nan maryaj la?
   a. Kant ou kache a patnè a de gwo bagay ke l ta dwe konnen depi avan nou marye.
   b. Kant ou vle pran moun nan nan pa konprann pou w fè sa ki nan lide w.
6. Ki jan ou kap sove yon maryaj konsa. ? Ale tout dwat kote papa Bondye.

Leson 8 Jèn yo nan fon zòsman an

Vèsè pou prepare leson an : De.6 : 6-8 ; Sòm. 11 : 1-7 ; Pwo. 22 :6 ; Eza.29 :9 ; Ebr.12 :6
Vèsè pou li nan klas la : Sòm.11 :1-7
Vèsè pou resite : Pa gen anyen yon bon moun ka fè, lè tout bagay tèt anba? **Sòm.11:3**
Fason pou fè leson an: diskou, konparezon, kesyon
Bi leson an : Montre ki jan retire jèn yo nan fon zòsman an.

Pou komanse
Depi lontan nou wè ni fanmiy, ni sosyete a tèt anba. Kote jèn yo ye nan sityasyon saa? Eske nou ta dwe al fouye nan fon zòsman an? Si m desann ladan avan w map di w ki sa m wè.

I. Mwen wè jèn yo ki fini anwo pye.
1. Gran moun yo pa konprann yo, yo neglije yo. Jen yon pa jwen satisfaksyon kay yo. Pwo.22 :6
2. Yo gen tout tantasyon ak dwòg, vi debòch, bwèson ak sigarèt, vye mòd rad, vye mizik sal ak move zanmi e latriye pou jete yo nan fon zòsman an. Mande m ki kote jen sa yo soti?

II. Yo soti nan fanmiy ki pa gen direksyon
1. Papa ak manman pa antann yo. Tout la jounen se joure, menas ak goumen. Polis devan pòt a. Bib la pa louvri pou tande vwa Bondye. De. 6 : 6-8
2. Ti moun yo pa genyen paran pou ede yo. Tout la jounen yo nan fesbook, yo nan televizyon. Yap tande mizik ki detwi nanm yo, ki mete Sentespri a deyò kè yo. Ebre.12 :6

3. Paran deja pati pou al fè yon lòt jòb. Yo tounen lakay tou fatige, yo prèt pou eklate pou yon ti krik, yon ti krak. Papa a antre nan yon pòt, manman an soti nan yon lòt pòt, ti moun yo voltije nan yon fenèt pou yo ale kay zanmi. Yo dòmi deyò ak nenpòt moun, yo al pran prizon pou nenpòt ki bagay.
4. Se pase moun yo pase nan kay la. Yo pa rete.
5. Pwofesè yo menm pa ede yo nan vi moral yo. Ki sa ou kap espere demen ak jèn sa yo ?

III. Tout nasyon yo pa gen otorite moral
1. Bib la di ke fondasyon yo tonbe. Sòm.11 :3
   a. Yo mete konesans nan plas edikasyon. Anpil jèn yo gen konesans men yo malèdve.
   b. Moun yo mete relijyon nan plas Bondye. Ou ale legliz, ou retounen ak kè w vid.
   c. Gen moun ki pa konn Bondye. Se yo kap dirije peyi yo.
   d. Pa gen respè ankò pou gran moun. Yo pase w nan tenten si ou pa vle fè sèks avan maryaj.
2. Piske pa gen pwensip onkò nan nasyon yo, jenès la deraye, li pèdi fren. Li vide nan malpwòte jouk li fini nan fon zòsman an.
   a. Se konsa nou wè ke la jistis se an favè moun ki gwo nèg ak moun ki gen lajan.
   b. Nou jwen gagòt tout patou.

Pou fini
Ki moun ki pral okipe jenès saa ? Mande Ezekyèl. Mwen sèlman di w kite Bondye mete men l sou w, la kote w ye a pou l mennen w kote li vle. Li sèl kapab

retire w nan fon zòsman kote wap vejete a, kote menm paran w bandonen w la.

Kesyon

1. Pouki sa nou di ke jenès la deraye?
   a. Yo neglije l
   b. Li anba anpil presyon
   c. Li ap fè sak pa sa
2. Pouki sa nou di ke fanmiy yo pa gen direksyon?
   a. Anpil maryaj kraze.
   b. Ti moun yo viktim ak zafè la syans la
   c. Yo toudi ak vye mizik ki repouse Sentespri a
   d. Se televizyon ak entènèt kap fè edikasyon yo
   e. Paran yo ap travay pou lajan men yo pa travay pou fwaye yo
   f. Pwofesè yo pa ede ti moun yo nan move kondit yo
3. Ki sa sa vle di ke fondasyon yo kraze ?
   a. Yo met enstriksyon nan plas edikasyon.
   b. Yo mete relijyon nan plas Bondye.
   c. Moun ki pa konnen Bondye ap dirije nasyon yo.
4. Ki jan pou sityasyon sa chanje? Se pou yo asepte viv tankou Ezekyèl ki livre l nan men Bondye.

Leson 9 Refòm nan

Vèsè pou prepare leson an : Jer. 6 :16 ; 18 : 15 ; Amo.5 :24 ; Ac. 2 : 2-4, 45 ; 8 : 1,4 ; 16 : 13 ; 20 :24 ; Wo.1 :16 ; 2 : 24 ; 13 :10-14 ; 2Tès.2 :4 ; 1Ti.6 :6-10 ; Ebr.11 :35-40

Vèsè pou li nana klas la : Wo.13 : 10-14

Vèsè pou resite : Ann mennen bak nou jan nou dwe, tankou moun k'ap viv gwo lajounen. Pa fè eksè nan manje ni nan bwè. Pa lage tèt nou nan debòch ni nan vis. Pa chache moun kont, pa fè jalouzi. Wo.13 :14

Fason pou fè leson an: diskou, konparezon, kesyon

Bi leson an : Pale kretyen legliz yo sou nesesite pou yo redrese vi moral ak èspirityèl yo.

Pou komanse

Refòm se yon gwo mo ki antre nan pawòl levanjil la : Se yon prèt katolik ki te rele Maten Litè, ki te antèt mouvman saa. Nap mande jodia, eske Refòm nan kenbe toujou ? Eske nou pa gen bezwen pou yon lòt Maten Litè ? Ki lès?

I. **Ki jan e ki lè legliz te nan Refòm nan ?**
   1. Kant kretyen legliz yo tap viv pa la fwa. Wo.1 :16
   2. Se te nan moman yo te prefere mouri tan pou yo te trayi Jezikri. Tra.20 :24 ; Ebre.11 :36-40
   3. Se te nan moman yo te rejete vye relik yo, vye eskapilè, adorasyon estati yo pou yo te adore e sèvi Senyè a sèlman. Ebre.11 :35

II. **Ki jan e ki lè Legliz vin defòmen?**
  1. Kan li pa fè evanjelizasyion, e kant le monn antre ak tout fòs li nan legliz la. Wo.2 : 24
  2. Kant se efò lòm yo bay valè. Pa sezi si nou wè pastè ak dyak ki bòkò. Bib la di ke nou va wè yo chita sou chè legliz Bondye pou pran desizyon. 2Tès. 2 : 4
  3. Lachè pran plas a Sentespri a. Yap divize yon legliz pou fè yon lòt. Men ki jan sa fèt :
     a. Tou dabò : Gen aktivite kap devlope nan legliz pou moun vin popilè.
     b. Kretyen kite legliz paske yo te fè yo egzotasyon. Tra.2 : 45
     c. Preche levanjil la tounen biznis yon moun ou byen yon gwoup moun. 1Ti.6 : 6-10
     d. Maryaj yo tounen yon zafè kanaval pou moun vin manje e danse. Amos. 5 :23
     e. Mizik kanaval yo anvayi legliz yo paske moun yo di yo bezwen rejwi kè yo. Sèvis yo twò fwèt. Dife Sentespri a pa desann ankò. Se dife la chè kap monte. Tra.2 : 2-4

III. **Ki lè e ki jan pou legliz kapab transfòmen?**
  1. Kant gen repantans pou nou tounen nan Bib la. Jer.6 :16 ; 18 :15
  2. Kan nou pèmèt Sentespri a kondi nou nan pye verite a. Tra.16 :13
  3. Kan kretyen yo depouye jouk tan yo kap di : San Jezi mwen pa kap vi, mwen pa sa fè yon sèl pa. Wo.13 :12
  4. Kant yon gwo pèsekisyon a frape nou, pou Bondye voye yon lòt Maten Litè pou reveye nou avan Jezikri retounen. Tra.8 :1,4

Pou fini

Puiske se konsa sa ye, degaje nou. Priye pou gen yon Refòm nan konsyans nou ak nan fwa nou nan Jezikri.

Kesyon

1. Ki moun Maten Litè te ye ?
    a. Yon prèt katolik
    b. Li te premye gran lidè Refòm nan
2. Ki lè e ki jan legliz yo te gen Refòm?
    a. Kan kretyen te etidye la Bib, ke yo te aji fwa yo nan tout bagay
    b. Kan kretyen yo te pito mouri tan pou yo te trayi Jezikri.
    c. Kan yo te rejte tradisyon yo pou yo te kwè nan Pawòl Bondye a tankou se li sèl ki limyè yo.
3. Ki jan e ki lè legliz yo defòmen?
    a. Kan yo pa fè evanjelizayon
    b. Kan yo mete relijyon nan plas Jezikri
    c. Kan kretyen yo satisfè de sa yo déjà fè e ke yo pa bay Bondye glwa
    d. Kan kretyen divize legliz Bondye
    e. Kan zafè levanjil tounen yon pwofesyon pou fè lajan, kant se pa Bondye ki rele moun nan
    f. Kan sèvis legliz yo vin tounen yon jwèt.
4. Ki lè pou legliz yo transfòmen?
    a. Kant Bondye a frape yo pou yo repanti
    b. Kan kretyen yo bay Sentespri a tout plas li

Leson 10   Sèvis pou montre rekonesans a Bondye

Vèsè pou prepare leson an 1S. 1 :1-28 ; 2 : 1-21 ; 3 : 20-21 ; 7 :15-17 ; 10 :1 ; 16 : 12-13
Vèsè pou li nan klas la: 1S.2:1-10
Vèsè pou resite : Pa gen Bondye tankou Seyè a. Non, pa gen tankou l'. Pa gen moun ki ka pwoteje tankou Bondye nou an. 1Sam.2 :2
Fason pou fè leson an : diskou, konparezon, kesyon
Bi leson an: Montre Bondye rekonesans

Pou komanse
Se pa tout moun ki rekonesan. Sans sa, mo engra a pa tap egziste. Jodia nou pral pale de Ann, yon fanm ki te vle montre rekonesans li a Bondye.

I. **Pou yon byen ekstraodinè Bondye te fè pou li.**
   1. Pandan li pat kapab fè pitit, li te gen yon kotri ki tap fè anpil pitit e ki pwofite bay mepriz pou sa. 1S.1 :4-5
   2. Sa te toumante l anpil. 1S.1 :7
   3. Sèlman piske pwoblèm sa te soti nan Bondye, se Bondye sèl ki te kap bay li pitit.
   4. Yon jou, li leve li al priye nan tanp la. 1S.1 :9-11
      a. Li pa mete kotri a nan tèt li ankò.
      b. Li sispann ak rayisman ak jalouzi.
      c. Li fè yon pwomès a Bondye. 1S.1 : 11
      d. Depi lè saa, li chanje, li manje, li domi e li pran grosè. Li vin ansent e li fè ti Samyèl. 1S.1 :18, 20

II. **Pou yon byen li pap kapab bliye**
   1. Li vin prezante pitit la nan tanp la. Menm lè saa, li mennen twa toro bèf, li pote diven ak farin pou ofrann bay Letènèl. 1S.1:24
   2. Li bay Letènèl pitit saa nan yon moman adorasyon. 1S.1:28
   3. Nan sèvis remèsiman lap bay Bondye a, li bay temwayaj vi li, ki jan Bondye wete l nan imilyasyon l yo. 1S.2: 1-10
   4. Li fè lwanj pou Letènèl
      a. Pou pale de li jan li sen. 1S. 2:1-2
      b. Pou pale de li jan li jis. 1S. 2 :3
      c. Pou pale de jan li restore vi l. 1S.2 :8
   5. Chak ane li pote yon ti rad legliz pou ti Samyèl. Li toujou ale ak mari l e li toujou pote yon ofrann èspesyal. 1S.2 : 19
   A la yon bèl egzanp de rekonesans!

III. **Ki jan Bondye asepte sèvis sa yo**
   1. Bondye bay li 5 lòt pitit ankò. 1S.2 :21
   2. Li pran ti Samyèl, li mete l nan plas sakrifikatè Eli pou fè sèvis yo nan tanp la e pou l jije pèp zrayèl la. 1S. 3 :20- 21; 7 :15-17
   3. Li fè li vini yon pwofèt e ki te rive konsakre wa Sayil ak David apre sa: 1S. 10 :1 ; 16:12-13

Pou fini
Ou menm ki pa janm mennen yon nanm bay Kris depi w konvèti, ou sanble ak Ann. Se pou sa fè w mal tankou Ann ki pat gen pitit jouk tan rive ou genyen omwen yon nanm pou Kris. Lè saa va fèt, ou pral mete w menm kote ak Ann pou w bay Bondye glwa.

Kesyon

1. Ki moun Ann te ye? Madanm Elkana
2. Ki sa ki te kòz li pat kapab fè pitit? Bondye
3. Ki jan li te santi l nan kondisyon saa?
   Se vye bagay tout sèl ki tap pase nan tèt li.
4. Ki lè li te kap fè pitit?
   a. Kan li te pote pwoblèm nan bay Letènèl.
   b. Kan li te bay kotri li do pou gade Bondye anfas.
   c. Kant li te fè yon pwomès a Letènèl.
5. Ki jan li te montre Bondye jan l rekonesan?
   a. Li pote yon ofrann a Bondye menm jou li te vin prezante pitit l nan tanp la.
   b. Li bay yon sakrifis pou remèsye Bondye. Li fè lwanj pou Senyè a.

Leson 11   Fèt la Bib

Vèsè pou prepare leson an : Egz.20 :7 ; 2Ti. 2 :19 ; 3 :16-17 ; 2Pyè.1 :21
Vèsè pou li nan klas la : 2Ti.3 :16-17
Vèsè pou resite : Tou sa ki ekri nan Liv la, se nan Lespri Bondye a yo soti. Y'ap sèvi pou moutre moun verite a, pou konbat moun ki nan lerè, pou korije moun k'ap fè fòt, pou moutre yo ki jan pou yo viv byen devan Bondye. **2Ti.3 :16**
Fason pou fè leson an: diskou, konparezon, kesyon
Bi leson an : Bay kretyen yo ranseyman sou fason Bib la fèt.

Pou komanse
Si ou renmen chèche nan Bib la, jodia nou va fè kè w kontan. An nou wè sa.

I. **Ki moun ki ekri Bib la ?**
   1. Se Bondye Li menm ki lotè Bib la. Li dikte sa li vle a moun li enspire. 2Pyè.1 :21
   2. Bib sa ki gen plis ke 4000 ane depi li la. Se 40 ekriven diferen ki te ekri l. Yo te ekri preske tout nan tan diferan, nan fason diferan pandan yon peryòd de 1600 lane. Menm si yonn pat konnen lòt, bib la fè yon inite malgre li gen diferan koze ladan. Se paske se Bondye ki lotè l. Tout moun ki ekri yo se segretè Bondye yo te ye.

II. **An nou pale de segretè yo.**
   1. Gen anpil liv nan bib la ki pote non moun ki ekri yo. Nou gen pa egzanp Esdras, Neyemi, Matye, Mak, Lik, Jan

2. Dapre sa nou jwen nan listwa :
   Premye tradiksyon Bib la an angle, se Jan Wiklèf ki te komanse l, e Jan Privey te fini l nan lane 1388.
3. Premye Bib nan lang ameriken an te parèt nan lane 1752.
4. Bib la te preske fin tradwi nan lane 1964 nan plis ke 1200 lang ak patwa.
5. Se Estefèn Langdon ki te divize l an chapit nan lane 1288. R. Natan te divize Ansyen Kontraa an vèsè nan lane 1448
   Robè Estefanus te divize Nouvo Kontra a an chapit ak vèsè nan lane 1551. Se Bib Jenèv la ki te parèt pou la premye fwa nan lane 1560 ak chapit e vèsè.

III. **Ki sa bib la genyen ladan ki èspesyal ?**
1. **Lè ou pran tout Bib la, li genyen** :
   a. 66 liv an total. 39 nan Ansyen Kontra e 27 nan Nouvo Kontraa
   b. Liv la ki nan mitan Ansyen Kontraa se Pwovèb Salomon yo. Sila ki nan mitan Nouvo Kontraa se Dezyèm Epit Pòl a Tesalonisyen yo.
   c. Bib la gen 1189 chapit. 929 nan Ansyen Kontraa e 269 nan Nouvo Kontraa.
   d. Non Bondye repete 4379 fois e non Senyè 7,738 fwa.
2. **Ki sa nou jwen nan chapit yo**
   a. Chapit la ki nan mitan ansyen Kontraa se Jòb chapit 29 e nan Nouvo Kontraa se Women chapit 13. Chapit ki pi kout la se Sòm 117 e chapit ki pi long nan se Sòm 119.

b. Chapit ki sanble yo se 2Wa 19 ak Ezayi 37 Sòm 18 ak 2Sam.22.

3. Nan separayson li vèsè apre vèsè nou jwenn
   a. 23,214 vèsè nan Ansyen Kontraa e 7,959 nan Nouvo Kontraa
   b. Vèsè ki nan mitan Bib la se Sòm 118 :8
   c. Vèsè ki nan mitan Ansyen Kontraa se 2Kwo.20 :17. Vèsè ki nan mitan Nouvo Kontraa se Travay. 17 : 17
   d. Vèsè ki pi kout nan Bib la se Jan 11 :35
   e. Vèsè ki pi long la se Estè 8 :9
   f. Mo ki pi long nan Bib la, li gen 18 lèt. Se Maher-Shalal-hashbaz. Li nan Ezayi .8 :1

Pou fini

Bondye nou an pa manke anyen. Li fè dis sou dìs nan pawòl li e nan presizyon. Apati de jodia, ke pèson moun pa pran non Bondye an jwèt. Si wap lonmen non li, se pou w rete lwen tout vye gagòt.
Egz.20 :7 ; 2Tim.2 :19

Kesyon

1. Konbyen moun ki ekri Bib la? Karant
2. Pandan konbyen lanen ? 1600 lane
3. Nan konbyen lang ak patwa nou kap jwen Bib la ekri ? 1200
4. Ki moun ki te divize Ansyen Kontraa an chapit e nan ki lane? Estefèn Langdon nan lane 1228
5. Ki moun ki te divize 1 an vèsè e nan ki lane ? R. Nathan nan lane 1448
6. Ki moun ki te divize Nouvo Kontra an vèsè e nan ki lane? Robè Estefanis nan lane 1551
7. Ki liv ki nan mitan Ansyen Kontraa ? Liv Pwovèb
8. Ki liv ki nan mitan Nouvo Kontraa ? 2Tesalonisyen
9. Konbyen chapit bib la genyen ? 1189 chapit
10. Konbyen chapit nan Ansyen Kontraa? 929 chapit.
11. Konbyen chapit nan Nouvo Kontraa ? 269 chapit.
12. Ki chapit ki pi long e ki lès ki pi kout ? Pi long nan se Sòm 119, pi kout la se Sòm .117
13. Ki vèsè ki nan mitan Bib la ? Sòm.118 :8
14. Ki vèsè ki pi long ? Estè. 8 :9
15. Ki vèsè ki pi kout: Jan.11 :35
16. Ki mo ki pi long nan Bib la Maher-Shalal-hashbaz li gen 18 lèt

Leson 12 Nesans Jezikri denonse tout rayisman

Vèsè pou prepare leson an : Jen.27 : 41-42 ; 33 : 12-17 ; Egz. 17 : 8,16 ; No. 20 : 14-22 ; 1S. 15 : 1-2 ; Est. 3 :1 ; Mat. 2 : 1-23 ; Mak.6 : 16 ; Lik.23 :10-11 ; Tra.12 :21-24

Vèsè pou li nan klas la : Mat.2 :13-19

Vèsè pou resite : Il dit : Apre sa li di: -Men mwen leve men m' devan fotèy Seyè a, Seyè a p'ap janm sispann goumen ak moun Amalèk. **Egz.17 : 16**

Fason pou fè leson an : diskou, konparezon, kesyon

Bi leson an : Montre ki jan Bondye defann non l ak non pèp li a tou.

Pou komanse

Sak ta di ke yon ti bebe ki fèt nan bouk Betleyèm ta leve kanpe tout rayisman ki te la depi lontan? Bib la pa kache anyen de istwa sa ki komanse ak Ezaou e Jakòb sa genyen 1800 lane avan Jezikri te vini.

I. **An nou wè istwa Ezaou ak frè li Jakòb**

Ezaou te vle touye frè l Jakòb pou tèt koken li te fè pou l pran benediksyon l.
1. Rebeka, manman yo, ede Jakòb pou l sove kite kay la pou l ale nan peyi Mezopotami kay frè li Laban, ki donk, tonton Jakòb. Jen. 27 :41-42
2. Apre 20 lane pase, sanble Ezaou konnen Jakòb ap vini, li pran 400 solda pou vin kontre avè l. Jakòb pa fè misye konfyans ditou, kòm si se te ayè sa te pase. Jen.33 : 12-17
3. Menm lè Ezaou te vle bay Jakòb ladòmi, Jakòb rale kò l. Oboudikont, kan Ezaou pran pye mòn, lè li konnen Jakòb te dèyè l ap swiv li, Jakòb te

gentan fè yon lòt wout pou li pa nan pale ak frè l. Jen.33 : 11-17

4. Dènye fwa yo te rankontre, se te nan lantèman papa yo Izarak. Yo pa janm rekonsilye e depi lè saa, chak moun fè wout yo. Jen. 35 : 27-29

II. Rayisman Ezaou retounen pi rèd

1. Kan pitit Jakòb soti pase 430 lane nan esklavaj nan peyi Lejip, premye moun ki vin kase batay avè yo, se te Amalèk pitit Ezaou ki gen ti non gate Edom. Jen. 36 :8, 12 ; Egz.17 : 8, 16
2. Li bare yo nan yon ti kwen a Refidim. Se Bondye ki sove Izrayèl, e depi lè saa Bondye deklare la gè kont Amalèk jouk sa fini. Egz.17 :16
3. Lè Izrayèl, ap kite Dezè a apre 40 lane, li mande Edom pou bay pase sou wout li. Tan pou l bay yo pase, li pito mande l goumen. Rayisman an toujou la. No.20 :14-22

III. Letènèl raple wa Sayil sèman l te fè kont Amalèk, pitit pitit Ezaou ki gen non Edom.

1. Nan Ansyen Kontraa.
   a. Wa Sayil dezobeyi Bondye kant li te sove Agag wa Amalèk la. Sa te lakòz Letènèl revoke l. 1S. 15 : 1-2
   b. Aman ras a Agag, wa Amalesit yo te vle touye jwif yo pou tèt Madoche ki jwif te refize mete agenou pou di l bonjou. Bondye touye Aman ak tout fanmiy li ak yon kòlòn moun peyi l. Est. 3 :1

2. **Nan Nouvo Kontraa**
   a. Wa Ewòd Le gran te vle touye Jezi. Bondye fè Jozèf ak Mari sove ak pitit la Anejip. Mat.2 :1-4,12-20
   b. Men ki moun Ewòd te ye? Li te Idimeyen, sa vle di yon nan ras Edom. Mak.3 :8 Dapre sa istoryen Jozèf te rapòte, se lagangrenn ki mennen Ewòd anba tè.
   c. Pitit li, Ewòd Antipa, touye Janbatis e li pase Jezikri nan tenten. Misye mouri nan Sid la Gol nan bouk Sen Bertran de Comeng. Mak.6 :16 ; Lik.23 :10-11
   d. Pitit Ewòd Antipa, ki te rele Ewòd Agripa limewo 1 touye apòt Jak e li te mete apòt Pyè nan prizon. Bondye sove Pyè pa mirak li. Pandan Ewòd Agripa ap pale konsa, li mouri, vè grennen sou li. Se tout sa nou kap di de Ezaou ak ras li yo. Tra.12 : 21-24

Pou fini

Si w kwè ou dwe kenbe frè nan kè jouk ou vle touye l, ou menm se yon Amalèk. Se ak Letènèl ou annafè. Mete gason sou w pou w fè lagè kont Letènèl de jenerasyon an jenerasyon.

Kesyon

1. Konbyen tan rayisman Ezaou kont frè li Jakòb te dire avan Jezikri te vini? Apeprè 1800 lane
2. Pouki rayisman saa?
Paske Jakòb te volé benediksyon frè l Ezaou.

3. Montre ki jan Jakòb pat fye frè li ki te vin rankontre avè l ?
   a. Li cheche yon jan pou li refize ladòmi ke frè l te vle bay li.
   b. Li pito fè yon lò wout.
4. Ki dènye fwa yo te rankontre ? Nan lantèman papa yo Izarak
5. Ki moun ki vin atake pitit Jakòb apre 430 lane? Amalèk, pitit Ezaou.
6. Ki moun ki vin atake l ankò apre 40 lane li te pase nan Dezè a? Edom, pitit Ezaou
7. Di nou atak pitit Ezaou kont Izrayèl nan Ansyen Kontraa
   Nan ansyen Kontraa nou jwen
   a. Batay kont wa Agag, yon pitit Amalèk
   b. Yon masak pou jwif nan peyi Pèrs. Li te prepare par Aman, piti Agag, yon Amalesit
   Nan Nouvo kontra a nou jwen
   a. Ewòd le Gran yon pitit Edom ki te vle touye Jezikri lè li te fèk fèt
   b. Ewòd Antipas pitit Ewòd le Gran touye Janbaptis e li te pase Jezikri nan tenten.
   c. Ewòd Agrippa 1er toujou pitit Edom ou Amalèk touye Jak e li mete Pyè nan prizon pou l touye l tou.
8. Ki jan Ewòd le Gran te mouri ? Li te mouri ak lagangrenn nan kò gason li
9. Ki jan Ewòd Agripa I te mouri? Vè te kale sou li.
10. Ki jan Ewòd Antipas te mouri? An egzil nan Sen Bertran de Komeng nan Sid la Gol.

Lis vèsè yo

1. Mwen santi pouvwa Seyè a sou mwen ankò. Lespri Bondye a pran m', li mennen m' nan yon fon ki te plen zosman. Ez.37 :1

2. Konsa moun nasyon sa yo t'ap sèvi Seyè a, men yo te toujou ap sèvi zidòl pa yo tou. Pitit yo ak pitit pitit yo ap fè tankou papa yo jouk jounen jòdi a.2Wa.17 :41

3. Li di m' konsa: -Nonm o! Eske zosman sa yo ka tounen vivan ankò? Mwen reponn: -Seyè sèl Mèt la, se ou ki konnen! Ez. 37 :3

4. Wi, men sa Seyè sèl Mèt la voye di yo: Mwen pral fè yon van soufle sou nou pou nou ka tounen vivan ankò. Ez.37 :5

5. W'a di li men mesaj Seyè sèl Mèt la voye ba li: Vini non! Soti nan kat bòn direksyon yo. Soufle sou tout mò sa yo, fè yo tounen vivan ankò. Ez.37 : 9b

6. Sispann chante kantik nou yo nan zòrèy mwen. Mwen pa vle tande mizik gita nou yo ankò. Amo.5 :23

7. Men, li bon pou nou tou: se pou chak mari renmen madanm yo tankou yo renmen tèt pa yo, epitou se pou chak madanm respekte mari yo. Ef.5 :33

8. Pa gen anyen yon bon moun ka fè, lè tout bagay tèt anba? Sòm.11:3

9. Ann mennen bak nou jan nou dwe, tankou moun k'ap viv gwo lajounen. Pa fè eksè nan manje ni nan bwè. Pa lage tèt nou nan debòch ni nan vis. Pa chache moun kont, pa fè jalouzi.. Ro.13:14

10. Pa gen Bondye tankou Seyè a. Non, pa gen tankou l'. Pa gen moun ki ka pwoteje tankou Bondye nou an. 1Sam.2:2

11. Tou sa ki ekri nan Liv la, se nan Lespri Bondye a yo soti. Y'ap sèvi pou moutre moun verite a, pou konbat moun ki nan lerè, pou korije moun k'ap fè fòt, pou moutre yo ki jan pou yo viv byen devan Bondye. 2Ti.3:16

12. Apre sa li di: -Men mwen leve men m' devan fotèy Seyè a, Seyè a p'ap janm sispann goumen ak moun Amalèk. Egz.17:16

Lis sijè yo

Seri 1 - Gerizon divin 4
Avangou 5
Leson 1 Kote gerizon divin nan soti 6
Leson 2 Pwensip gerizon divin nan 9
Leson 3 Ki jan gerizon divin nan mache 12
Leson 4 Yon gerizon divin ki pwograme adistans 15
Leson 5 Gerizon divin sou nonm ki te fèt avèg la 18
Leson 6 Yon gerizon divin pou rekonpanse lobeyisans yon lò avèg 21
Leson 7 Gerizon divin gras a gwo devouman 24
Leson 8 Kèk lòt gerizon divin 27
Leson 9 Gerizon yon nonm ki te gen zonbi bosal 29
Leson 10 Gerizon divin nonm toklo a 32
Leson 11 Dimanch Ranmo 35
Leson 12 Dimanch Pak la 38
Lis vèsè yo 41

Seri 2 - Sak vwayaj yon kretyen 43

Avangou 44

Leson 1 Nesesite pou w gen yon sak vwayaj 45

Leson 2 Lafwa 48

Leson 3 Bonte 51

Leson 4 Konesans 54

Leson 5 Sanfwa 57

Leson 6 Pasyans 60

Leson 7 Perseverans 63

Leson 8 Lanmou frè ak sè yonn pou lòt 66

Leson 9 Lanmou 69

Leson 10 Se lè pou verifye sak vwayaj ou 72

Leson 11 Yon manman ki merite lonè 76

Leson 12. Yon papa ki merite lonè 79

Lis vèsè yo 83

Seri 3 - Temwen Jezikri e Temwen Jewova 85

Avangou 86

Bondye jan li parèt nan tou de (2) Testaman yo 87

Leson 1 Bondye se li ki sèl temwen tèt li 91

Leson 2 Bondye nan fonksyon li an twa pèson 94

Leson 3 Bondye Papa jan li fonksyonen nan Trinite a 97

Leson 4 Fason Jezi fonksyonen nan Trinite a 100

Leson 5 Sentespri ak pouvwa li nan Trinite a 104

Leson 6 Trinite a nan plan pou sove nou 107

Leson 7 Trinite a nan plan pou Sove nou (rès la) 111

Leson 8 Bondye Pitit la nan zafè Trinite a 114

Leson 9 Trinite a nan vi sosyal ak politik lòm 117

Leson 10 Trinite a nan desten planèt la 120

Leson 11 Trinite a nan jan li fè yon fen ak Satan 123

Leson 12 Moun rachte yo, se yo ki Temwen Jezikri a . 126

Lis vèsè yo 129

Seri 4 - Fon zòsman yo 131

Avangou 132

Leson 1 Pèp la sanble a yon lame yo fin detwi 133

Leson 2 Ki kondisyon zòsman yo nan vale a 135

Leson 3 Ezekyèl yon etidyan nan klas fizyoloji pou etidye kadav 137

Leson 4 Pwojè pou Izrayèl retabli nan peyi l 140

Leson 5 Pwojè pou Izrayèl retabli nan peyi l (rès la)...143

Leson 6 Legliz jodia ki tounen yon fon zòsman 146

Leson 7 Maryaj ki nan vale zòsman an 149

Leson 8 Jèn yo nan fon zòsman an 152

Leson 9 Refòm nan 155

Leson 10 Sèvis pou montre rekonesans a Bondye 158

Leson 11 Fèt la Bib 161

Leson 12 Nesans Jezikri denonse tout rayisman 165

Lis vèsè yo 169

Ti detay sou vi Pastè. Renaut Pierre-Louis

Pastè nan Legliz Batis Saint Raphael,	1969
Diplômen nan Teoloji nan Seminè Batis Limbe,	1970
Diplômen nan Lekòl kontablite Julien Craan	1972
Pwofesè Angle ak Panyòl nan Collège Pratique du Nord au Cap-Haitien,	1972
Pastè nan Premye Legliz Batis nan Cap-Haitien,	1972
Pastè nan Legliz Batis Redford, Cité Sainte Philomène,	1976
Diplômen nan Lekòl Avoka au Cap-Haitien	1979
Fondatè Collège Redford ak l'Ecole Professionnelle ESVOTEC,	1980
Pastè nan Legliz Batis Emmaüs à Fort Lauderdale	1994
Pastè nan Legliz Batis Péniel à Fort Lauderdale	1996

Pastè pandan karantsizan (46), Avoka, Poèt, Ekriven, Konpozitè Teyat, li jwe teyat

Jodia sèvitè Bondye sa pote pou nou « **Dife Dodomeya** ». Se yon liv pou enstri nou. Li gen gwo koze nan teoloji ladan. Li déjà fè gwo chanjman nan fason pou anseye nan Lekòl Dimanch e nan fason pou nou prezante mesaj Pawòl Bondye a.

Pastè yo, predikatè yo, monitè yo, kretyen ki gen zye klere yo, tanpri, pran **Dife Dodomeya a.** Kan w fini, pase l bay yon lòt. 2 Tim. 2:2

www.ingramcontent.com/pod-product-compliance
Lightning Source LLC
Chambersburg PA
CBHW071623080526
44588CB00010B/1250